AF337988

NOTICE BIOGRAPHIQUE

SUR

M. LE VICOMTE DE JESSAINT,

ANCIEN PRÉFET DU DÉPARTEMENT DE LA MARNE,

Lue dans la Séance publique de la Société d'agriculture, commerce,
sciences et arts du même département, le 24 avril 1854,

PAR

M. SELLIER ✳,

Avocat, Juge suppléant au tribunal civil de Châlons,
Membre du Conseil général et du Conseil académique de la Marne,
PRÉSIDENT DE LA SOCIÉTÉ.

CHALONS,

E. LAURENT, IMPRIMEUR-LIBRAIRE.

—

1854.

NOTICE BIOGRAPHIQUE

SUR

M. LE VICOMTE DE JESSAINT,

ANCIEN PRÉFET DU DÉPARTEMENT DE LA MARNE,
Membre honoraire résidant de la Société d'agriculture, commerce, sciences
et arts du même département,

PAR **M. SELLIER** *,
PRÉSIDENT DE LA SOCIÉTÉ.

———

MESSIEURS,

C'est un noble usage que celui dont le but est de perpétuer la mémoire des hommes qui ont illustré leur pays, ou qui ont rendu de nombreux services à leurs concitoyens. Les Sociétés savantes l'ont consacré à juste titre, et je dois, tout en avouant mon insuffisance, m'estimer heureux que vous m'ayez conféré l'honneur de vous retracer la vie du magistrat qui, pendant près de quarante années, a administré avec tant de sagesse le département de la Marne et qui vous a durant tout ce temps accordé sa protection éclairée. Vous avez voulu, en prenant l'initiative d'un éloge mérité, acquitter la dette de la reconnaissance et imprimer le sceau de la publicité aux grands et beaux exemples que nous a laissés l'un de nos plus honorables collègues.

Claude-Laurent BOURGEOIS, vicomte de JESSAINT, grand-officier de la Légion d'honneur, chevalier de l'ordre de Sainte-Anne de Russie, ancien préfet de la Marne et ancien pair de France, membre honoraire résidant de la Société d'agriculture, commerce, sciences et arts du département de la Marne, est né à Jessaint, dans l'élection de Bar-sur-Aube, le 26 avril 1764.

Sa famille était fort ancienne dans le pays, car, sans parler de ceux de ses ancêtres qui y avaient antérieurement rempli des charges publiques, Claude Bourgeois, son aïeul paternel, avait épousé, en 1687, Elisabeth, fille de Pierre de Mertrus, écuyer, seigneur de la Franchecourt et de Jessaint, dont le nom était déjà connu au temps des croisades. L'aîné de leurs fils, Edme de Jessaint, capitaine dans le régiment royal d'artillerie, fut placé par le roi Louis XV, le 1er août 1739, à la tête de la compagnie de bombardiers de ce régiment, et promu, le 7 octobre 1743, au grade de commissaire provincial de l'artillerie, dont il était déjà commissaire ordinaire depuis le 4 juillet 1727.

Le troisième fils né du même mariage le 13 mars 1702, nommé par un brevet du 15 janvier 1740 lieutenant de louveterie dans l'étendue de l'élection de Bar-sur-Aube, y est désigné sous les noms de Claude Bourgeois de Jessaint, seigneur en partie dudit lieu de Jessaint, cadet au régiment royal d'artillerie. C'était le père de M. le vicomte de Jessaint. Il avait dépassé sa soixantième année lorsqu'il épousa Jeanne-Barbe de

Creney, âgée elle-même de quarante-deux ans, dont la généalogie remonte au moins au XVI⁰ siècle, car déjà l'on voit, à cette époque, les membres de sa famille posséder les seigneuries du Mesnil, de Chaumesnil, d'Arrentières et d'Engentes, et s'allier aux maisons les plus distinguées de la Champagne.

Tout porte à croire que la famille de Creney était originaire du village de ce nom, situé dans le voisinage de Troyes, et dans lequel prit naissance Michel de Creney, qui, vers 1368, se fit une grande réputation dans l'Université de Paris, et devint ensuite évêque d'Auxerre et confesseur de Charles V, dont le surnom est un titre de gloire pour celui qui dirigeait sa conscience, comme pour le monarque lui-même.

Au nombre des ancêtres de Jeanne-Barbe de Creney, se trouvait Jean-Charles de Creney, officier de cavalerie au régiment de Lille, qui eut l'honneur de servir la France pendant trente-huit ans, et prit, sous le maréchal de Luxembourg, une part glorieuse aux victoires de Fleurus et de Nerwinde, où il reçut deux graves blessures. C'est par Anne de Maizières, épouse de ce brave officier, que la famille de Creney devint propriétaire en partie de la seigneurie de Vernonvilliers, dont le modeste château appartenait encore, il y a quelques années, à M. le vicomte de Jessaint et à Mme de Renusson, sa tante.

En parlant ici des titres de famille de M. le vicomte de Jessaint, mon intention n'a pas été de faire au vénérable collègue, dont nous regrettons la perte, un mérite de sa naissance. Sa mémoire peut se contenter en effet de son illustration personnelle, et, si j'ai cru devoir vous rappeler sa double généalogie, c'est que, dans un siècle où l'on fait trop bon marché du respect dû aux distinctions achetées par des services, il peut être utile de proclamer publiquement que le nom d'un père honorable est, de tous les patrimoines, le plus digne d'envie, et qu'à un autre point de vue, c'est rendre hommage au principe d'autorité, si violemment ébranlé dans ces derniers temps, que de mettre en relief ces nobles races qui avaient tant contribué à l'établir sous l'ancienne monarchie.

L'âge déjà avancé auquel étaient parvenus le père et la mère de M. le vicomte de Jessaint ne leur permettait pas d'espérer de nombreux rejetons ; il était même à craindre qu'en leur donnant la vie, leurs parents ne pussent leur transmettre cette vigueur de constitution qui est la garantie d'une longue existence. Aussi une fille, premier fruit de leur union, survécut-elle peu à sa naissance. M. le vicomte de Jessaint, qui vit le jour ensuite, resta le seul espoir de la famille ; mais de quelles précautions, de quels soins ne dut-on pas entourer le berceau d'un enfant que sa débilité semblait vouer à une mort prématurée ? Je ne sais, Messieurs, si vous partagez le sentiment que j'éprouve lorsque je vois une mère pieuse consacrer à l'auguste Mère des chrétiens les premières années de l'existence d'un fils tendrement aimé et, pendant la durée de cette consécration, le revêtir de la livrée qui en est le symbole. Ce touchant usage a toujours produit sur moi l'impression la plus vive, et quand je songe qu'il a été appliqué à M. le vicomte de Jessaint, je me demande s'il n'y a pas quelque chose de providentiel dans cette existence miraculeusement conservée à un enfant qui marquera si bien sa place dans la vie, et atteindra la plus haute vieillesse.

C'est à l'école militaire de Brienne que le jeune de Jessaint fit de bonnes et solides études ; il y eut pour condisciple celui qui devait un jour tenir dans sa main les destinées de la France et de l'Europe. Une étroite intimité s'était établie entre deux élèves distingués, faits pour se comprendre ; aussi Napoléon, parvenu aux dernières limites du pouvoir, n'oublia-t-il jamais son camarade de l'école de Brienne qui, en y portant les galons de fourrier (1), lui avait prescrit l'observation des premières règles de la discipline militaire qu'il allait bientôt lui-même imposer à des millions d'hommes.

M. Bourgeois de Jessaint père était propriétaire à Crépy, près Brienne, d'une ferme vers laquelle les élèves de l'école militaire dirigeaient habituellement leurs promenades ; ils y étaient toujours accueillis par la plus cordiale et la plus franche hospitalité. Le jeune Bonaparte en profitait pour sa part ; mais c'est surtout à la fin de chaque année scolaire que des relations plus particulières resserraient entre les deux camarades les liens de l'amitié. Le futur empereur, à cette époque où les moyens

------

(1) Le grade de fourrier avait, à Brienne, son importance ; un fourrier y était presque un capitaine, et Napoléon se plaisait à donner ce titre à M. de Jessaint. C'est ainsi, comme ce dernier le racontait lui-même, qu'un jour, lors d'un passage de l'Empereur à Châlons, Mme de Jessaint qui, l'on ne sait trop comment, n'avait pas été invitée à une fête que devait donner une ville du département pour célébrer la présence du souverain dans ses murs, crut pouvoir prier celui-ci de faire réparer l'omission dont elle avait à se plaindre. « Madame, lui répondit-» il, ce n'est pas à moi à ordonner ici. Adressez-vous à mon » capitaine, je dois m'effacer devant lui. »

de locomotion étaient rares et difficiles, se trouvait trop
éloigné du domicile de ses parents pour qu'il lui fût
possible de passer auprès d'eux le temps des vacances.
C'est à Jessaint, dans ce pittoresque village, sur les
rives délicieuses de l'Aube, à l'entrée de la riche et magnifique vallée baignée par cette rivière, que les deux
amis se délassaient, en frères, de leurs fatigues de l'année, dans la maison paternelle de M. de Jessaint. Les
anciens du pays se souvenaient, il y a peu de temps encore, de les avoir vus, tantôt promener dans les bosquets
des environs les rêveries de leur imagination ardente,
qui devaient plus tard se traduire en de brillantes réali-
tés, tantôt se livrer à des jeux d'enfants sur les bords
de la rivière, où ils s'amusaient à suivre les mille cir-
cuits du vol capricieux des hirondelles et luttaient
d'adresse en les tuant à coups de pierres.

Vous me pardonnerez, Messieurs, d'être entré dans
ces détails, mais j'ai pensé que rien de ce qui se rattache
à la vie des hommes illustres n'était sans intérêt.

La bienveillance de Napoléon était désormais acquise
à M. de Jessaint ; vous en trouverez les preuves dans le
cours de cette notice, mais il me tarde de vous rapporter, dès à présent, la pensée qu'exprimait à Sainte-Hé-
lène l'empereur déchu, parce qu'elle est le meilleur témoignage rendu au désintéressement de notre ancien
préfet. « Je regrette, disait Napoléon, de n'avoir pas fait
» davantage pour M. de Jessaint ; mais aussi, il ne me
» demandait jamais rien. »

M. de Jessaint, très jeune encore, s'était allié à l'une
des familles les plus honorables de Bar-sur-Aube. Le
salon de M. Ganeau, receveur des tailles, ami de la lit-

térature, était le rendez-vous de toutes les notabilités du pays. On y a gardé, du moins par tradition, le souvenir de ces aimables réunions que Melle Ganeau animait de tout le charme de son esprit et de ses grâces. Je n'ai pas ici à faire l'éloge de Mme la vicomtesse de Jessaint; qu'il me suffise de dire, que les promesses de la jeune personne ont été tenues par la femme de l'administrateur et par la maîtresse de maison. Plusieurs d'entre nous se rappellent avec bonheur ces réceptions délicieuses auxquelles elle présidait avec tant d'aisance ; la noblesse de manières unie à la simplicité la plus naturelle, la douce gaieté, l'égalité de caractère, qui la distinguaient à un si haut degré; le tact avec lequel elle savait, à l'époque de nos troubles et de nos révolutions politiques, donner entrée chez elle aux personnes d'opinions les plus opposées, les mettre, à leur insu, en présence les unes des autres, et se servir de l'influence qui est le propre d'une femme de mérite pour rapprocher, en partageant également ses prévenances, des hommes qui souvent n'étaient divisés que parce qu'il ne leur avait pas été donné de se voir et de s'entendre. Parlerai-je encore de cette heureuse mémoire dont elle était douée, et qui lui permettait de rendre sa conversation aussi variée qu'instructive pour ceux qui étaient admis à entendre les récits qu'elle savait si bien faire? Ajoutez à cela une obligeance à toute épreuve, une bienfaisance inépuisable, et vous pourrez vous faire une idée de cette femme supérieure qui, sans sortir du rôle que lui avait départi la nature, sut cependant quelquefois venir en aide à la vie publique de son mari.

Les troubles révolutionnaires suivirent de près le

mariage de M. de Jessaint ; il avait fixé sa résidence à Bar-sur-Aube et devint l'un des membres du conseil municipal de cette ville. La terreur devait marquer sa place dans un pays qui avait été habité par la maison de Brienne et par les bénédictins de Clairvaux, et qui comptait un assez grand nombre d'autres maisons religieuses et de familles nobles. Un maire, d'exécrable mémoire, menuisier de profession, d'infâmes représentants du peuple, envoyés par la Convention nationale sous le prétexte de propager les idées démocratiques et de déjouer des complots imaginaires, avaient semé partout l'effroi, la désolation et la mort. Le jeune conseiller municipal trouva, au milieu de ces horreurs, le moyen de se rendre utile ; il sut prendre de l'ascendant sur le chef de l'administration, et contribua, par son influence, à sauver quelques malheureux dont tout le crime était de regretter le passé ou de gémir plus ou moins haut sur les malheurs qui accablaient la France.

Les temps étaient devenus moins difficiles ; la journée du 9 thermidor avait donné une première satisfaction à l'opinion modérée, les Jacobins étaient dispersés, et déjà de trop fameux révolutionnaires avaient expié leurs crimes sur l'échafaud ; leurs complices dans les provinces devaient être expulsés à leur tour des fonctions qu'ils avaient usurpées. La place de maire de la ville de Bar fut conférée le 13 ventôse an 3 (28 janvier 1795) à M. de Jessaint qui conserva, soit ce titre, soit celui de président de l'administration municipale, pour ainsi dire sans interruption, jusqu'au 6 prairial an v (25 mai 1797). Une bonne fortune dont le nouveau maire dut s'applaudir, c'est qu'on lui donna pour adjoint M. Beugnot, son ami. La tâche d'une administration aussi heureusement constituée était surtout de rétablir l'ordre et de réparer les maux qu'avait causés au pays celle qui l'avait précédée ; il y avait à craindre alors des récriminations ; M. de Jessaint s'attacha principalement à les prévenir, préludant, par la douceur et par la bonté de son caractère essentiellement conciliateur, à la conduite que nous l'avons vu plus tard tenir au milieu de nous. Aussi, même après plus de soixante ans, sa mémoire, comme homme de bien et comme sage administrateur, est encore vénérée aujourd'hui dans la ville de Bar-sur-Aube.

Après le 6 prairial an V, M. de Jessaint resta administrateur de la même ville, jusqu'au 23 fructidor suivant, et fut appelé ensuite au commandement de la légion de garde nationale de Bar-sur-Aube, qu'il exerçait encore, lorsque, par un arrêté du premier consul du 21 ventôse an 8 (12 mars 1800), il fut nommé à la préfecture de la Marne, en remplacement de M. Siméon qui n'avait pas accepté ce poste.

C'est à ce moment que commence pour nous la vie publique de M. de Jessaint ; c'est à ce moment aussi qu'il publie son programme.

» Vous connaissez, disait-il à ses nouveaux admi-
» nistrés, les principes du Gouvernement réparateur qui
» s'est élevé sur les ruines de toutes les factions et de
» toutes les tyrannies. Gardien de la liberté publique, il en
» conservera religieusement le dépôt ; il resserrera l'al-
» liance naturelle de la propriété et de l'autorité qui veille
» au maintien de l'ordre ; il protégera, il encouragera, se-
» lon son pouvoir, l'agriculture, le commerce et les arts.

» Il sait que les maux sous lesquels nous avons gémi
» appartiennent bien plus aux circonstances qu'aux hom-

» mes ; il donne l'exemple *d'oublier* , *d'excuser* , *de par-*
» *donner même* ; *il s'efforce d'éteindre les haines et d'ef-*
» *facer les malheureuses distinctions de parti qui ont si*
» *longtemps divisé des concitoyens et des frères* ; *il n'a d'en-*
» *nemis que les méchants* ; *il ne déploiera sa force que*
» *contre eux.* »

Ai-je besoin de vous dire, Messieurs, que cette sage politique que venait inaugurer M. de Jessaint dans le département de la Marne fut celle qu'il professa dans tout le cours de sa longue carrière administrative? Etait-il possible, je vous le demande, de mieux s'approprier des principes qui seront toujours essentiellement bons et justes sous tous les Gouvernements? Proclamons-le dès à présent, le nouveau préfet de la Marne, étranger à toutes les divisions de partis, ne cessa pas un seul instant d'être l'homme de la conciliation, au milieu des opinions, tantôt victorieuses et tantôt vaincues, qui se trouvaient ainsi exposées tour à tour aux réactions et aux vengeances.

M. Beugnot, lors de la création des préfectures, avait eu en partage celle de la Seine-Inférieure ; il est bon que l'on sache que le département de la Marne lui doit en grande partie son premier préfet. C'est ce qui résulte d'une lettre qu'il adressait à M. de Jessaint peu de temps après la nomination de celui-ci :

« Je vous fais observer, mon bon ami, lui disait-il (en
» sollicitant auprès de lui diverses nominations, dont
» l'une était désirée par M. Girardin), que vous devez faire
» tout ce que je vous demande, tout absolument, car je
» dois à *Girardin* l'amitié de *Lucien*, et vous devez à l'a-
» mitié de *Lucien* pour moi la préfecture de la Marne. Ceci
» est clairement posé, ainsi pas d'excuse. C'est une dette

» sacrée à acquitter. Vous me trouvez exigeant, mais
» il s'agit de reconnaissance, et cet article est le seul
» peut-être sur lequel je ne badine jamais. »

Je me laisse entraîner, Messieurs, à vous lire la fin de
la même lettre, parcequ'elle contient une appréciation
des hommes de l'époque. Vous jugerez si elle est exacte :

« Si j'en avais le temps, je vous ferais rire de ce qui
» s'est passé depuis votre départ. Enfin, Carnot est bien,
» Talleyrand, qui en est cordialement détesté, est bien ;
» Fouché n'est pas mal ; Lucien, qui déteste Fouché,
» est à merveille. Ce qu'on débite des conjurations n'a ni
» fondement, ni prétexte. Le premier Consul domine tout
» de son génie, oui, de son génie, et nous irons. »

Le Préfet de la Marne avait été accueilli dans son département avec tout l'empressemeut qu'il pouvait attendre d'une population animée d'un excellent esprit, qui
avait soif de l'ordre et qui l'attendait de son premier
magistrat. Aussi M. Beugnot ne se trompait-il pas, lorsque, dans une nouvelle lettre du 8 prairial an VIII, il
disait à son ami :

« Je profite de la circonstance pour vous remercier
» de l'accueil trop obligeant que vous avez fait à ma
» femme ; elle vous a quitté heureuse de votre bonheur,
» car on m'écrit de Paris et les Consuls savent que ce
» n'est pas de l'attachement que vous inspirez, mais de
» l'enthousiasme ; j'en suis un peu fier. »

Je continue, Messieurs, car, quand on a parcouru les
lettres d'un homme tel que M. Beugnot, on ne veut pas
garder pour soi le plaisir qu'on a trouvé dans cette lec-
ture ; on aime surtout à reproduire l'expression de sentiments que l'on partage :

» Tout ce que j'ai recueilli ici sur votre compte, di-

» sait-il dans une lettre datée de Paris , le 18 vendémiaire
» an IX, est essentiellement bon. On a l'air de s'entendre
» pour faire votre éloge. Je ne vous souhaite qu'une con-
» tinuation de bonheur . . . . Vos fêtes, vos bals résonnent
» jusqu'ici, et de plus près, on doit en être étourdi. Je
» crois , mon pauvre ami , que nous retournerions sans
» efforts à nos melons , nos perdrix et nos barbeaux ,
» mais nous aurions bien de la peine à déshabituer nos
» femmes des splendeurs de la préfecture. La vie de la
» mienne est une espèce de feu d'artifice, et , si je n'avais
» peur d'imiter le lamentable Jérémie, je dirais avec lui
» que *tout cela s'en ira en fumée.*

» Et parceque *cela s'en ira en fumée* tôt ou tard, il
» faut, mon ami, compromettre sa fortune le moins
» possible. Songez-y bien ; quant à moi, je vais prendre
» sur cet article un parti sévère. Travailler est fort bien ,
» mais se ruiner n'a pas le sens commun. »

M. Beugnot a-t-il pu réaliser les projets d'économie
qu'il avait conçus ? j'en doute. Tout ce que je sais, c'est
que M. de Jessaint a quitté la préfecture de la Marne
moins riche qu'il n'était en y entrant. Vous me per-
mettrez de lui en faire encore un mérite.

Le général Beurnonville, alors ambassadeur en Prusse,
était le compatriote et l'ami de M. de Jessaint ; il lui
écrivait de Berlin, le 8 fructidor an VIII, pour lui recommander une famille que la terreur avait éloignée de
la France. Puisque j'en suis aux citations , je vous dirai
aussi quelques passages de cette lettre , qui sont honorables pour M. de Jessaint et qui expriment la pensée
d'un homme compétent sur un événement glorieux pour
notre patrie :

« Je félicite bien sincèrement, mon cher compatriote,
» le département de la Marne de vous avoir pour pré-
» fet ; j'en félicite le Gouvernement et je vous en félicite
» vous même. . . . .
» Je travaille comme un diable à vous donner la paix,
» mais le premier Consul va plus vite que moi. Je n'ai ja-
» mais présenté de notes qui vaillent la bataille de Ma-
» rengo ; il faut espérer un bonheur public très prochain. »

Avant de vous parler de l'administrateur , j'éprouve
tout d'abord, Messieurs, et vous le comprendrez facile-
ment , le besoin de vous entretenir d'un collègue que
nos devanciers se sont empressés d'accueillir dans le sein
de notre Société. A son arrivée dans nos murs , le nouveau préfet avait reçu votre bureau avec cette bienveillance dont il fut toujours prodigue envers vous ; aussi,
dès le 15 prairial an VIII , déclariez-vous à l'unanimité
reconnaître le préfet du département comme votre président-né , et décidiez-vous qu'il serait invité par une
commission spéciale à assister à vos séances.

M. de Jessaint s'empressa de répondre à cette invitation, mais pour décliner l'honneur que vous aviez voulu
lui faire, et pour vous déclarer qu'il entendait apparte-
nir à notre Société au même titre seulement que ses
collègues. Je voudrais, Messieurs, pouvoir mettre en
entier sous vos yeux le discours qu'il vous adressait à
ce sujet, dans votre séance du 1er thermidor ; je vous en
citerai au moins quelques passages :

« Vous avez voulu, disait-il, en m'accordant une place
» au milieu de vous, que le magistrat chargé de veiller
» aux progrès de l'agriculture, des sciences et des arts
» dans votre département devînt le compagnon de vos

» travaux, qui tendent tous à ce but. Votre suffrage m'ho-
» nore et j'en sens tout le prix. Je compterai désormais au
» nombre de mes devoirs celui de justifier votre choix
» par mes efforts, et au nombre de mes jouissances, le
» bonheur de m'instruire par vos discussions savantes,
» et d'être l'habituel témoin de vos succès. Mais, plus je
» me trouve heureux d'être admis dans vos rangs, comme
» ami des arts, plus je dois vous prier de faire cesser
» la distinction que vous avez cru devoir attribuer à la
» magistrature que je remplis. L'égalité est le bien le
» plus précieux, comme le plus nécessaire, pour les
» hommes qui s'assemblent dans l'intention libérale de
» s'éclairer mutuellement, et, lors même que l'égalité
» politique n'était pas une des bases de notre ordre
» social, les premiers protecteurs des sciences et des
» arts, les fondateurs de la plupart des académies, qui
» ont si longtemps illustré la France, sentirent la néces-
» sité de n'admettre aucune prérogative entre ceux qui
» les composaient.

« Dépositaire de la confiance du Gouvernement, qui
» encourage tous les arts, j'appellerai constamment ses
» regards sur un établissement consacré à leur prospé-
» rité. Je lui parlerai de vos titres à sa protection spé-
» ciale, et il reconnaîtra que vous remplacez dignement
» l'Académie qui a si longtemps honoré cette cité. »

Rendant ensuite hommage à vos travaux, et après
avoir constaté vos succès dans les diverses spécialités
auxquelles ils s'appliquent, M. de Jessaint terminait
ainsi :

« Les résultats de ces travaux seront d'un important
» secours pour moi dans les parties principales de mon
» administration. Ainsi, soit comme votre collègue, soit

» comme magistrat, je vous devrai de la reconnaissance,
» et nous jouirons ensemble d'un bien qui sera votre
» ouvrage. »

M. de Jessaint, Messieurs, vous le savez, a tenu toutes
les promesses qu'il vous avait faites : protection, dévouement, encouragements réitérés, rien de sa part ne vous
a manqué, et je ne crains pas d'ajouter que, si notre
Société avait cru d'abord s'adjoindre, dans le premier
magistrat du département, une notabilité plutôt qu'un
collègue, elle a bientôt pu se convaincre que son zèle
pratique et éclairé pour l'agriculture et pour les arts
eût suffi, et au-delà, pour justifier son admission parmi
vous.

Un sentiment élevé de convenance ne permit pas à la
Société d'insister pour placer à sa tête l'homme éminent qui n'acceptait pas cet honneur ; aussi, quoique
M. de Jessaint eût à diverses reprises assisté à vos
séances, quoique, chaque année, il vous eût adressé,
dans vos réunions publiques, de ces discours qui tous
témoignaient du vif intérêt qu'il n'a cessé de vous porter, c'était votre collègue, et non votre président, qui
avait sa place au milieu de vous, et il fallut plusieurs
années pour que le préfet de la Marne consentît à prendre
le titre de votre président-né.

Je pourrais, Messieurs, vous redire toutes les paroles
qui sortirent de la bouche de M. de Jessaint, quand des
circonstances solennelles l'appelaient dans votre sein.
Vous y trouveriez toujours l'expression des mêmes sentiments pour vous et le même dévouement aux progrès
de toute nature qui sont l'objet de vos constantes préoccupations ; je vous rappellerai seulement celles qu'il
prononça dans deux occasions différentes. C'était, la

première fois, le 26 août 1816. Cette date amenait tout naturellement un discours politique. M. de Jessaint en fit un, mais en termes qui ne démentirent pas la modération de son caractère. Il gémit d'abord sur les maux causés au département de la Marne par une double invasion ; mais il trouve, dans notre sol et dans notre industrie, comme dans l'énergie de nos habitants, des ressources suffisantes pour soutenir la dignité du trône, et nous montrer fidèles à nos engagements. « Les so-
» ciétés savantes, ajoute-t-il, ont plus que jamais pour
» mission de contribuer par tous leurs moyens et leurs
» efforts à rouvrir les sources vivifiantes de la France, »
et le discours se terminait par ces mots dans lesquels nous retrouvons tous les sentiments de l'orateur qui les prononça : « Périssent à jamais toutes les passions hai-
» neuses et les germes de discorde ! Puissent les Fran-
» çais ne plus former qu'une seule famille ! »

Dans votre séance publique du 5 septembre 1820, le Préfet de la Marne, en décernant à l'un de vos regret-tables membres, M. Loisson de Guinaumont, la mé-daille que lui avait accordée le Gouvernement pour ses travaux agricoles, lui disait :

« Comme administrateur, j'apprécie combien les suc-
» cès du premier des arts influent sur la prospérité pu-
» blique, et j'ai quelquefois ressenti, comme particu-
» lier, quel charme s'y trouve attaché. C'est là désor-
» mais qu'il nous faut poursuivre de ces conquêtes aux-
» quelles l'humanité sourit, et qui font cesser quelques-
» unes des larmes que d'autres conquêtes font répandre.
» Les nôtres sont durables, parcequ'elles sont gardées
» par tous les intérêts. En est-il un seul qui ne s'unisse
» de près ou de loin aux succès de l'agriculture ? »

Plus loin , s'adressant à vous , M. de Jessaint ajoutait :

   « En vouant un culte particulier à l'agriculture, vous
» encouragez tous les arts dont elle est la mère com-
» mune, et dont elle a le droit de revendiquer l'hom-
» mage et les tributs. L'exemple du prix décerné par
» le Roi à l'un de vos membres prouvera aussi que chez
» vous le mérite de bien faire s'unit à celui de bien dire,
» et, à ce double titre, j'aimerai toujours, Messieurs ,
» à venir chercher au milieu de vous des leçons et des
» exemples. »

Etait-il possible, Messieurs, de parler en termes plus
dignes, plus nobles et plus profondément sentis, des
jouissances réservées à l'homme honnête et modeste qui
s'adonne à cet art que M. de Jessaint place avec tant de
raison à la tête de tous les autres ?

Au nombre des notables améliorations que le département de la Marne doit à notre Société et qui ont tant
contribué à augmenter la valeur et le produit de nos
terres, se présentent, en première ligne, les prairies
artificielles et les plantations d'arbres résineux. M. de
Jessaint en a senti toute l'importance, car, dès votre
séance publique de l'an XIII, il applaudit aux succès
qu'ont déjà obtenus, sous ce double rapport , plusieurs de nos collègues, et nous le voyons ensuite, le
21 février 1807, rendre un arrêté par lequel il prescrit
la plantation en pins, vordes et autres arbres, des biens
communaux restés sans produit et des chemins vicinaux
dont la largeur atteint dix mètres. Une subvention de
dix mille francs est demandée par lui au Conseil général pour encourager dans cette voie les communes et
les propriétaires, et le Préfet décide que dix médailles

d'argent seront accordées aux maires qui auront apporté le plus de zèle à faire effectuer les plantations.

C'est enfin à vous, Messieurs, que, par une délicatesse dont vous sentez tout le prix, reviendra le mérite d'une œuvre que M. de Jessaint vous rend pour ainsi dire propre, car c'est à votre séance publique que les médailles doivent être distribuées.

Les mêmes mesures sont prises chaque année jusqu'en 1813, et si elles n'ont pas été continuées au-delà de cette dernière époque, c'est que désormais, l'impulsion étant donnée, de nouveaux encouragements devenaient inutiles.

M. de Jessaint joignait d'ailleurs l'exemple au précepte ; c'est lui, en effet, qui, vers le même temps, importa dans sa belle propriété de Beaulieu le pin sylvestre, et en couvrit toutes les portions de ce domaine qu'il regardait comme moins propres à la culture. Aussi admire-t-on aujourd'hui les magnifiques arbres qui bordent l'avenue du château, et l'œil se repose-t-il avec plaisir sur des mamelons toujours verts, qui n'étaient autrefois remarquables que par leur stérilité.

Déjà, dans votre séance du 16 août 1807, un des membres de notre Société, qui ont laissé parmi vous les meilleurs souvenirs, M. Moignon, votre secrétaire, présentait comme une nouvelle source de richesse le beau troupeau, de race pure espagnole, introduit dans nos contrées par M. de Jessaint ; mais ce riche troupeau n'avait pas survécu à l'invasion de 1814 ; il était devenu la proie des étrangers, et ainsi s'était trouvée anéantie une partie notable de la fortune de M. de Jessaint qui, peu de temps auparavant, avait refusé de la réaliser avec des avantages considérables. M. de Jessaint ne se rebutera cependant pas ; il **avait** créé un des plus beaux troupeaux de France ; il en créera un autre ; il lui faudra, pour y parvenir, des peines, des soins, beaucoup d'argent ; il se résigne à tout, car il veut donner l'impulsion et fournir aux propriétaires de la Champagne les moyens d'améliorer la race ovine.

M. de Jessaint a réuni cette fois un troupeau de race pure de Naz ; un troupeau de race mérinos superfine, *dite* de Beaulieu, provenant originairement de bêtes espagnoles et du troupeau de Rambouillet, et un troupeau de race anglaise à longue laine, *dite* de Leicester, qu'il tient à cheptel de M. le vicomte de la Rochefoucault ; mais, ce qu'il veut avant tout, c'est un choix de bêtes de la plus grande finesse et d'une parfaite égalité de toison ; ce sont des béliers d'élite qui lui donnent des produits distingués, et, pour atteindre ce but, il fait chaque année dans son troupeau de nombreuses réformes.

Le troupeau de Beaulieu était l'objet d'un légitime orgueil pour son heureux propriétaire, qui ne connaissait pas de plaisir comparable à celui que lui causait l'acquisition d'un bélier superfin. On peut en juger par une lettre qu'il adressait, le 18 juillet 1824 (1), à notre collègue, M. Gayot père, dont les

---

« (1) François (*c'était son berger*) a dû envoyer la toison d'un
» bélier. Ce bélier est tout ce que l'on peut voir de plus beau ; il
» réunit à la grande finesse la taille, les formes, une tête superbe ;
» toutes les extrémités de l'animal sont bien garnies de laine. En
» tout, il est magnifique et ne laisse rien à désirer. François, qui
» est fort difficile, convient n'avoir encore rien vu de semblable.

conseils éclairés et les soins consciencieux ne lui firent jamais défaut. Il s'agissait d'un bélier appartenant à MM. de Naz, qui ne l'avaient amené à Paris que pour le montrer et qu'ils n'eussent pas cédé au prix de 3,000 fr. M. de Jessaint l'obtient à force de sollicitations, mais en échange de béliers à provenir de celui qu'on lui cède et de ses plus fines brebis. C'est pour lui une sorte de triomphe, car c'est un hommage rendu à la supériorité de ses espèces.

M. de Jessaint s'attachait surtout à la propagation des belles races ; aussi, quarante à cinquante beliers étaient-ils vendus par lui tous les ans dans les départements voisins ou dans les environs de Paris, au grand profit

---

» MM. de Naz n'avaient pas le projet de vendre ce bélier, mais
» seulement de le faire voir. Je me suis heureusement trouvé à
» Croissy, à l'arrivée de leurs béliers, et, quoiqu'ils ne voulussent
» pour aucun prix se défaire de celui qui me convenait, je suis
» cependant, à force d'instances, parvenu à l'obtenir, à la con-
» dition seulement que je leur livrerais, en plusieurs années, dix
» à douze béliers provenant de l'alliance de ce bélier et de mes
» plus fines brebis ; qu'ils me seraient payés d'abord 200 fr. ; que
» la vente en serait faite à l'enchère à Croissy, et que la somme
» à laquelle ils seraient vendus en sus des 200 francs serait par-
» tagée entre eux et moi. Il a fallu souscrire à ces conditions, car
» mille écus pour ce bélier ne les auraient pas tentés. »

Dans une seconde lettre du 6 juillet 1840, M. de Jessaint disait encore à M. Gayot :

« Je serai charmé de vous faire voir mes acquisitions de Ram-
» bouillet. C'est le commencement d'un nouveau système pour
» arriver à la taille et aux belles formes. Cela laisse encore à dé-
» sirer sous ce rapport, mais prochainement, je crois que nous
» aurons à mettre sous les yeux des amateurs des animaux qu'on
» ne rencontre pas communément. »

des troupeaux qu'ils devaient régénérer. Les établissements royaux s'y recrutaient même quelquefois.

A l'exposition de 1827, M. de Jessaint recevait la grande médaille d'or pour l'extrême finesse de ses laines mérinos (1), et lors de l'exposition suivante en 1844,

---

(1) Une notice de MM. Cunin-Gridaine et Bernard, de Sedan, qui accompagnait, à l'exposition de 1827, les beaux draps-cachemire fabriqués avec les laines de Beaulieu, constate que ces laines ont été payées par eux, en moyenne, les quatre années précédentes, à raison de 7 francs 75 centimes le kilogramme en suint, tandis que les propriétaires des plus beaux troupeaux, en France, n'ont pas obtenu pour la même quantité de laine, pendant le même temps, un prix moyen supérieur à 2 francs 50 centimes. « Nous opposons, disent ces messieurs, les laines » de Beaulieu aux plus belles laines de Saxe et de Moravie, » et nous nous prononçons en leur faveur. » Plus loin ils ajoutent : « Nous appellerons aussi l'attention du Jury sur une pièce » de drap provenant de la deuxième qualité de Naz , *dite* de » Beaulieu, qui, dans un prix modéré, donne un drap parfait. Ce » résultat est la conséquence du système d'éducation appliqué » par M. le vicomte de Jessaint à ses troupeaux, système qui a » eu, sur tous les troupeaux du département qu'administre cet » agronome éclairé, l'influence la plus heureuse par les amélio-» rations qu'il y a introduites ; ainsi, la question de la possibilité « d'obtenir en France des laines extra-fines est résolue. »

Une erreur s'était même glissée dans la notice de MM. Cunin-Gridaine et Bernard, et a été reconnue par ses auteurs, dans une lettre du 20 août 1827. La moyenne véritable, pendant les quatre années dont ils parlent, est de 8 fr. 87 centimes, et chose extraordinaire ! jamais M. de Jessaint n'avait fixé le prix de sa laine ; le prix qu'il en a reçu était celui que, dans leur loyauté, lui avaient offert spontanément ses acheteurs.

« Nous ne croyons pas, disaient-ils à M. de Jessaint, dans

quoiqu'il fut hors de concours, on lui décernait encore un rappel de cette médaille (1).

» une lettre du 28 juillet de la même année, que votre race pure
» de Naz soit susceptible d'un plus grand affinement; l'égalité
» des toisons est parfaite.

« Suivant vos intentions, nous avons fait dégraisser un échan-
» tillon de cette laine et nous avons l'honneur de vous l'adres-
» ser, afin que vous la fassiez admettre à l'exposition dont elle
» est si digne. Cet échantillon nous a rendu 57 p. %; il ne per-
» dra pas plus de 6 p. % pour être dégraissé complètement; il
» nous est trop agréable d'avoir à vous rendre compte d'un con-
» ditionnement et d'un rendement aussi beaux, pour nous en abs-
» tenir. »

Une autre lettre des mêmes fabricants, du 11 octobre suivant,
contient encore ce passage :

« Nous serions enchantés de faire avec la laine superfine de
» votre troupeau de Naz un drap que vous destineriez au Roi.
» Si vous aviez ce projet, nous vous répondons de son mérite....

» Permettez, Monsieur le Vicomte, que nous nous félicitions
» avec vous de la justice que le Jury a rendue à vos laines, en
» leur décernant la médaille d'or. »

(1) Avant l'exposition de 1834, M. Camille Beauvais, inspecteur
des troupeaux de la couronne, s'exprimait ainsi dans une lettre
du 17 avril de la même année, adressée à M. Gayot :

« Vous pouvez être sûr, Monsieur, que j'userai de toute mon
» influence pour attirer les faveurs nationales sur une industrie
» dont votre département est le foyer modèle, qui est due tout
» entière à votre vénérable et digne préfet. Je m'y engage,
» Monsieur, non pas comme on promet dans le monde, mais de
» tout mon cœur. »

» Les laines de M. de Jessaint, disaient encore MM. Cunin-
» Gridaine et Bernard le 25 septembre 1834, soutiennent leur
» belle qualité, et leur bon conditionnement se distingue d'au-
» tant plus que toutes les laines sont horriblement chargées

C'est, disons-le hautement, M. le vicomte de Jessaint qui a transformé les troupeaux de la Champagne, en substituant aux laines communes, qui ont presque entièrement disparu, celles que nous voyons aujourd'hui sur nos marchés et dont le prix a doublé depuis 1827. Rendons hommage, Messieurs, à cet immense bienfait que l'agriculture du département de la Marne doit à son ancien Préfet.

Tels sont les titres personnels que M. de Jessaint aurait eus à vos suffrages, si sa position ne l'eût elle-même appelé au milieu de vous.

J'aurais pu vous parler encore de son goût éclairé pour les arts et du zèle avec lequel il cherchait à inspirer ce goût à toutes les personnes qui l'approchaient. Vous vous rappelez avec quel soin il avait formé cette remarquable collection de tableaux, de médailles, de bronzes et de vases antiques, de livres précieux, de manuscrits et de curiosités diverses qui composaient son cabinet. Vous savez que, dans sa passion d'antiquaire et de numismate, il ne reculait devant aucune dépense pour se procurer les objets auxquels la rareté donnait du prix, et vous n'avez pas oublié que, même dans ces derniers temps, il lui arrivait quelquefois de soutenir, avec une ardeur que les années n'avaient pu refroidir, le mérite de certaines médailles qui lui avaient

---

» cette année. Nous avons du plaisir à leur rendre la justice » qu'elles méritent. »

Plus tard encore, en 1858, MM. Perrault de Jotemps, possesseurs eux-mêmes d'un troupeau distingué, reconnaissaient qu'à l'exception de leur lot de Naz, rien, en France, n'approchait des laines de M. de Jessaint.

coûté fort cher et dont la valeur était contestée par de prétendus connaisseurs dont il déclinait la compétence. C'était un article sur lequel il n'entendait pas raillerie, tout en apportant dans la défense de son opinion sa courtoisie habituelle.

M. de Jessaint aimait aussi la littérature et appréciait, avec la plus grande sagacité et le goût le plus sûr comme le plus élevé, les productions de nos grands écrivains. Ses conversations sur cette matière étaient toujours des plus attrayantes, et l'on ne pouvait les entendre sans en faire son profit. C'était un lien de plus qui l'unissait à notre Société.

J'arrive, Messieurs, à la partie importante de ma tâche, car j'ai à vous entretenir de la plus longue administration qui ait existé depuis la création des préfectures.

M. de Jessaint était entré en fonctions le 24 germinal an VIII. Tout était à réorganiser ; aussi porte-t-il successivement son attention sur les diverses branches de l'administration qui lui est confiée et sur tous les intérêts qu'il est appelé à protéger ou à défendre.

C'est ainsi que, le jour même de son installation, il fait un chaleureux appel aux jeunes soldats avec lesquels le premier Consul va bientôt cueillir de nouveaux lauriers en Italie.

Quelques désordres avaient eu lieu dans le temple consacré aux réunions des théophilanthropes. Le premier magistrat du département de la Marne, qui ne peut encore rendre à sa légitime destination la belle église Notre-Dame de Châlons, profitera du moins de cette circonstance pour reléguer dans un autre lieu la secte turbulente.

Après avoir apporté, en l'an IX, toute la modération possible dans l'exécution des ordres du Gouvernement au sujet des prêtres insermentés, on le voit se montrer fidèle aux principes de toute sa vie, en accueillant avec joie le rétablissement du culte en France et en assurant, par son arrêté du 2 floréal an X, soit dans l'intérieur des églises, soit au dehors, le libre exercice du culte catholique, seul professé dans le département. Les mêmes sentiments l'animaient lorsque, l'année suivante, il décidait que les églises seraient exclusivement affectées à cet exercice, et que la publication des actes de l'autorité y serait désormais interdite.

Vous entendrez avec intérêt, Messieurs, quelques passages du remarquable discours qu'il adressait aux curés du département avant leur prestation de serment :

« Vos nominations, leur disait-il, mûrement réfléchies
» par le savant et respectable prélat qui gouverne ce
» diocèse, ont été approuvées par le premier Consul.
» Le vœu public avait précédé les choix, et la satisfac-
» tion générale qu'ils inspirent est la preuve de leur
» bonté. Vos vertus et vos lumières, la confiance que
» vous portent les paroisses, le bien que déjà vous avez
» fait, les souffrances même que vous avez endurées
» avec une si courageuse patience, lorsque l'esprit d'ir-
» réligion et de trouble désolait notre malheureuse pa-
» trie : voilà les titres glorieux qui vous ont portés aux
» fonctions que chacun de vous est appelé à remplir.

» Les mœurs ont souffert de funestes atteintes pen-
» dant la longue interruption qu'a éprouvée l'enseigne-
» ment des principes religieux. C'est vous qui êtes par-
» ticulièrement chargés du soin de rendre à la vertu
» son empire ; vous remettrez la morale en honneur,

» en la replaçant sur sa base antique et vénérable ; vous
» calmerez les passions haineuses, s'il en existe encore ;
» vous ranimerez cette charité divine, si féconde en con-
» solations et en secours. Enfin, instruits par vos exem-
» ples comme par vos leçons, les habitants de ce dé-
» partement rempliront avec fidélité leurs devoirs, soit
» envers la religion, soit envers la société. »

Le clergé pouvait désormais compter sur l'efficace protection de M. de Jessaint ; aussi, le 15 floréal an XI et le 8
germinal an XII, des mesures sont-elles prises pour assurer à ses membres un logement et un traitement convena-
bles, en attendant que le Gouvernement y ait pourvu.
Des souscriptions volontaires sont même provoquées,
dans chaque commune, par le Préfet. « Si les habitants,
» dit-il, se pénètrent de ce qu'exigent la justice et leur
» propre intérêt, ils sentiront qu'il y aurait de l'ingra-
» titude à abandonner aux privations les plus pénibles
» des hommes chargés de former la génération nais-
» sante à la pratique de toutes les vertus, qui offrent à
» la vieillesse et à l'infortune les consolations de la re-
» ligion, et se consacrent sans réserve à l'enseignement
» de la morale, cette base sacrée du bonheur public et
» individuel. » Enfin, lorsqu'un traitement, bien faible
encore, est accordé aux desservants sur les fonds de
l'État, M. de Jessaint invite les communes à effectuer,
sur leurs fonds libres, un traitement supplémentaire.

Les sentiments religieux et hospitaliers tout à la fois
de M. de Jessaint se produiront plus tard encore à une
époque où la politique amènera le souverain Pontife sur
le sol de France. M. de Jessaint accueillera, avec une
noble bienveillance et un généreux empressement, quel-
ques-uns des cardinaux qui auront dû suivre le chef de

l'église, entre autres le cardinal Gonzalvi. Des relations aimables, affectueuses, sincères, s'établiront bientôt entre ces vénérables ecclésiastiques et le préfet de la Marne, au point que leur séparation, à la fin de l'exil, laissera dans le cœur de tous une vive tristesse qui se manifestera par des larmes. Le cardinal Gonzalvi, en remettant un pieux souvenir à son noble ami, le priera instamment d'accepter à son tour l'hospitalité dans son palais, si jamais il visite la capitale de la chrétienté.

M. de Jessaint était l'ami des vaincus; aussi, quoique la transition soit brusque, vous rappellerai-je cette femme, belle et spirituelle entre toutes, que, dans les premières années de ce siècle, sa sympathie pour les infortunes d'un illustre général et son amitié pour la célèbre Mme de Staël avaient fait éloigner de Paris. Vous savez qu'elle avait choisi pour sa résidence la ville de Châlons, où elle devait être surveillée par l'autorité. Cette surveillance ne coûta pas beaucoup au Préfet de la Marne, car il admit habituellement et ouvertement dans ses salons Mme Récamier, et put jouir, dès ce moment, de cette douce et charmante amitié que devait partager plus tard avec lui, dans ses vieux jours, l'auteur du Génie du Christianisme.

L'instruction publique reprenait ses droits; déjà cinq lycées étaient établis en France. Une exposition annuelle des produits de l'industrie française avait été ordonnée par arrêté des Consuls du 13 ventôse an IX. Deux proclamations du préfet, publiées à cette double occasion, montrent l'intérêt que lui inspiraient les études littéraires et scientifiques, les arts et l'industrie.

Dans la même année, le Comité médical de Châlons est doté des moyens de faire d'utiles et salutaires expériences sur le virus-vaccin, nouvellement découvert ; deux ans après, un comité de vaccine est établi au chef-lieu du département et dans les chefs-lieux d'arrondissement.

Le 4 frimaire an X, un arrêté préfectoral institue un bureau de bienfaisance dans chaque arrondissement de justice de paix, et à partir de cette époque, on voit successivement apparaître de nouveaux arrêtés dans le but d'éteindre la mendicité, de prévenir les désordres dans les campagnes pendant les moissons, d'exercer sur le vagabondage une sévère surveillance ; d'organiser les écoles primaires ; de réglementer la bibliothèque centrale ; de proscrire les couvertures en chaume ; de veiller à la réparation et à l'entretien des chemins vicinaux ; de réprimer les entreprises sur les biens des communes, et de régler la police des cabarets, qui devront être désormais fermés les jours fériés à l'heure des offices religieux.

Le caractère de M. de Jessaint, quoique naturellement porté à l'indulgence, n'excluait cependant pas l'énergie ; une circonstance remarquable vint en fournir la preuve. Le maire d'une ville chef-lieu d'arrondissement avait cru devoir, à cause de la pénurie des denrées alimentaires, créer, dans cette ville, un comité de subsistance et prescrire aux propriétaires de ne délivrer leurs grains que sur la permission de ce comité, exprimant les quantités de grains dont la délivrance était autorisée.

Un arrêté préfectoral du 2 prairial an X qualifie, à juste titre, cette mesure de désastreuse, propre à répandre l'alarme, et contraire à la liberté de la circulation que les lois avaient consacrée. L'arrêté du maire est annulé ; le chef de brigade est requis d'envoyer immédiatement sur les lieux un détachement de cavalerie pour assurer et protéger le commerce des grains. Enfin, le maire est mandé, sans délai, pour rendre compte de l'état des subsistances dans la ville dont l'administration lui est confiée et des abus dans la vente, comme dans l'achat, dont il a paru faire le motif de son arrêté.

Vous applaudirez, Messieurs, à cet acte de fermeté et de haute sagesse, mais vous ne serez pas surpris qu'après avoir fait la part des principes auxquels est attaché le maintien de l'ordre, M. de Jessaint, sur les explications fournies par le magistrat appelé devant lui ait pris un nouvel arrêté pour autoriser le conseil général de la commune à délibérer sur les moyens de pourvoir régulièrement à des approvisionnements qui pussent suffire aux besoins de ses habitants, et que, d'un autre côté, donnant une preuve de sa sollicitude pour ses administrés, il ait fait un pressant appel au commerce de la ville de Reims, pour assurer par des achats de grains et de farines la subsistance générale du département.

C'est vers cette époque que vient se placer une création qui eût suffi seule pour recommander la mémoire de M. de Jessaint à la reconnaissance de ses concitoyens. Je veux parler de cette admirable institution, qui a trouvé, dans sa durée et dans les services qu'elle ne cesse de rendre, la justification de la haute prévoyance qui a présidé à son établissement. Sans autre ressource que la bienfaisance publique heureusement combinée avec

l'intérêt de ceux qui y prennent part, la Caisse des in
cendiés, qui a devancé les compagnies d'assurances et
qui leur survivra dans notre département, a, depuis quarante ans, non-seulement réparé bien des pertes et sou-
lagé bien des misères, mais encore prévenu de plus
grands désastres, en distribuant largement dans nos
communes les moyens propres à arrêter les incendies,
et en plaçant ainsi le département de la Marne à la tête
de ceux dans lesquels ont été organisés les secours les
plus efficaces contre ce fléau destructeur. Je citerai encore ici les paroles de M. de Jessaint, parcequ'elles
revèlent, beaucoup mieux que je ne pourrais le faire,
la pensée qui l'a dirigé :

« L'institution créée, ou plutôt rétablie par mon ar-
» rêté du 12 germinal an XII, disait-il dans une circu-
» laire aux maires et aux curés et desservants, tend à
» sécher les larmes que fait répandre le terrible fléau
» des incendies, et, sinon à cicatriser entièrement la
» plaie de l'indigence qu'il laisse après lui, au moins à
» l'adoucir, à en diminuer l'étendue, et à fournir à des
« familles ruinées des ressources précieuses, à l'aide
» desquelles elles puissent assurer leur existence et ré-
» parer un jour leurs pertes. »

S'adressant ensuite à l'autorité municipale de chaque
commune, il lui confiait le soin de faire sentir aux popu-
lations l'utilité de la mesure, d'en préparer et d'en assurer le succès, et terminait par cette allocution au
Clergé :

« Et vous, Ministres du culte, dévoués, par état comme
» par sentiment, à la propagation de toutes les vertus,
» vous sentirez sans doute qu'une des premières bases
» de la nouvelle institution doit être la bienfaisance, et

» vous ne négligerez pas l'occasion de faire ressortir en-
» core la sainteté de votre ministère, en recommandant
» à vos paroissiens l'exercice de cette vertu. »

L'appel de M. de Jessaint a été, vous le savez, entendu
par les maires et par les membres du clergé, et c'est
une justice à leur rendre que de reconnaître le zèle
qu'ils apportent chaque année dans la réalisation de
l'œuvre de famille confiée à leur sollicitude.

Au mois de février 1805, un heureux évènement de
famille vint faire trève aux préoccupations dont M. de
Jessaint avait dû être assiégé pendant les premières années d'une administration plus difficile alors qu'elle ne
l'a été depuis. Le préfet de la Marne avait quarante ans
à peine, et déjà il songeait à marier sa fille. Je ne vous
parlerais pas, Messieurs, de cette circonstance, si elle ne
me fournissait l'occasion de vous rapporter encore quel-
ques-unes de ces pensées tantôt légères, tantôt sérieuses
et profondes, que le spirituel M. Beugnot exprimait à
ce sujet. C'est un épisode, un hors d'œuvre, si vous
le voulez, mais je veux vous procurer encore une fois
le plaisir d'entendre cet aimable discoureur qui vous
fera oublier pendant quelques instants l'aridité du biographe de M. de Jessaint.

Cette fois, le Préfet de la Seine-Inférieure s'adresse à
Mme de Jessaint, dont il appréciait vivement le mérite,
car c'est d'elle qu'il avait dit quelque temps auparavant :

« On me demande souvent des lettres pour Mme de
» Jessaint. Je n'en donne pas aux ennuyeux, parcequ'ils
» ennuient. Je n'en donne point aux gens aimables,
» parceque sa maison en est le rendez-vous naturel. »

» On ne calcule rien à Paris, lui écrivait-il le 27 plu-
» viôse an XIII. A-t-on seulement le temps d'y penser ?
» Dans ce pays maudit et qu'on aime en dépit de soi, le
» temps fuit ; il dévore.

 » C'est, mon amie, au retour de ce bruit, de ce fra-
» cas, de cette dorure, de ce tourbillon où le bonheur
» ne se niche jamais, que vous devez apprécier l'excel-
» lent établissement que vous avez préparé à votre fille.
» Des mœurs, de la fortune, de l'indépendance, un
» bon esprit ; je ne connais rien de plus parfait au
» monde. Voilà une colonne solide plantée, par vous et
» les vôtres, sur le chemin de la vie................

 » Surtout, mon amie, soyez bien heureuse, et que
» votre fille le soit, s'il se peut, davantage. »

Ces derniers vœux de M. Beugnot ne devaient pas tar-
der à se réaliser, car quoi de plus heureux, pour une
jeune mariée, que l'espoir d'un premier né ? C'est à ce
bonheur que l'ami de la famille s'associait de nouveau,
lorsque, moins d'un an après sa première lettre, il disait encore à Mme de Jessaint :

 » Ce que vous m'annoncez du nouveau ménage me
» comble de joie. On se console d'être grand'mère,
» lorsqu'on multiplie le nombre des heureux. Je ne sais;
» mais ce métier d'aïeul ne me paraît plus si effrayant.
» Vous verrez que nous trouverons de la grâce à porter
» des lunettes ! La nature, toute bonne et toute sage
» nous conduit pas à pas, sans nous permettre d'y re-
» garder, à un terme qui nous épouvantait à vingt ans
» de distance. Qui vous eût osé parler de l'état de
» grand'mère, quand vous promeniez au Wauxhall votre
» robe à bordure, et vos grands yeux de velours ? Eh !
» bien, vous y voilà........

 « J'accepte, ajoutait-il plus loin, l'augure que nous

» finirons par nous réunir *chez nous* , vous m'entendez.
» Votre cour , votre Paris , tout ce bruit , tout ce fracas
» nous sépare, quand nous avons l'air de nous rappro-
» cher. On ne jouit là, ni de ses amis, ni de ses parents,
» ni de soi-même. On y danse sur la corde. Oh ! qu'il
» soit donc écrit au livre des destinées que nous retrou-
» verons ces soirées si drôles, si douces, si gaies.......
» ces plaisanteries quelques fois trop fortes, et ces inno-
» cents mensonges dans lesquels nous passions notre
» vie ! Avons-nous trouvé mieux ? Je le souhaite pour
» vous, ma chère et bonne amie. Quant à moi, je n'ai
» jamais été moins heureux que depuis six ans. »

Pensez-vous, Messieurs, que ce soit là de la bonne philosophie ? Un tel langage ne fait-il pas le plus grand honneur à celui qui le tient, comme à ceux à qui il s'adresse ? N'est-il pas propre enfin à désabuser les ambitieux qui s'imaginent que la félicité est toujours attachée aux dignités et aux honneurs ?

La joie ne dure jamais longtemps dans ce monde ; elle est bientôt suivie de tristes compensations. Quinze jours s'étaient à peine écoulés depuis cette dernière lettre , qu'un malheur venait frapper Mme de Jessaint. La mort avait enlevé sa mère. C'est encore M. Beugnot qui va nous faire connaître l'étendue de cette perte ; mais cette fois , ce n'est plus à une fille accablée de chagrin qu'il communique ses pensées ; la douleur a droit à des ménagements qu'il respecte. M. de Jessaint recevra , pour toute sa famille, l'expression des sentiments qu'éprouve son ami. Vous jugerez, Messieurs, s'il est possible de donner en meilleur langage la vie à de plus hautes pensées :

« Nous avons tous pris, mon cher ami, beaucoup de

» part à la perte que vous venez de faire de Mme Ganeau.
» On a beau prévoir de pareils coups ; on n'en ressent
» pas moins vivement l'atteinte. Nous voilà donc, jeunes
» encore, en première ligne pour céder la place, et déjà
» nous touchons aux confins de la vie. Encore quelques
» années à donner, non plus à nous-mêmes, mais aux
» nôtres, non plus aux plaisirs, mais aux devoirs, et
» nous serons arrivés à la fin, sans avoir un instant re-
» gardé en arrière, ni su mettre un intervalle entre la
» vie et la mort.

» Plus qu'un autre, je devais des regrets à Mme Ga-
» neau, dont le nom réveille dans mon cœur les sou-
» venirs de bienfaits exercés envers les miens. Ces sou-
» venirs placés à distance pourraient être importuns pour
» un autre ; toujours ils me seront chers, et tout ce que
» je permets au changement survenu dans les positions
» et dans les fortunes, c'est de confondre ma recon-
» naissance avec la tendre amitié que je vous porte, à
» vous et à votre famille. »

C'est de Neufchâtel en Braye que M. Beugnot avait
daté sa lettre ; il était alors en tournée de recrutement ;
il n'est pas hors de propos de savoir comment cet habile administrateur, qui allait bientôt devenir un homme
d'état, appréciait la mesure à laquelle il concourait et
la politique du grand homme qui gouvernait la France :

« Je vous écris d'une ville qui ressemble tout-à-fait à
» notre pauvre Bar-sur-Aube. Je cours tout mon dé-
» partement, ramassant des conscrits, prêchant contre
» les déserteurs, pérorant les maires et ruinant les sous-
» préfets. Je ne reviens pas de la facilité que je trouve
» dans mes opérations. Savez-vous, mon ami, que la
» conscription va devenir une habitude dans ce beau, ce

» bon, cet excellent, cet inépuisable pays qu'on appelle
» la France? Il ne faut, de la part du chef, que savoir
» *vouloir*. Mon Dieu, qu'ils étaient donc *bêtes*, ces hommes
» d'état que nous avons tous admirés, ce Necker, avec
» ses emprunts, ce Calonne avec ses notables, et cet
» archevêque de Sens avec ses États-Généraux !....
» On n'a jamais gouverné ce pays-ci que depuis deux
» ans. »

La digression a été un peu longue, Messieurs, mais elle entraîne avec elle son excuse.

Je reviens à l'administration de M. de Jessaint. Vous comprenez qu'il ne me serait pas possible de vous exposer en détail tous les actes importants qui l'ont signalée. C'est ainsi que la ville de Châlons lui a dû, en 1806, au moyen de la concession de l'ancien couvent de Sainte-Marie, sollicitée et obtenue par lui, une filature considérable de coton ; que la maison de la Congrégation de Notre-Dame a été autorisée dans la même ville ; que la ville de Reims a vu ouvrir, en 1809, dans son Hôtel-Dieu, des cours théoriques et pratiques de médecine, de chirurgie et de pharmacie, de même qu'un cours gratuit d'accouchement destiné aux élèves sages-femmes ; que la même ville a été dotée, le 28 novembre même année, d'un conseil de prudhommes, avantage qui a été postérieurement accordé à la ville de Châlons ; et qu'une société de charité maternelle a été créée tant dans la ville de Reims que dans le chef-lieu du département, quoique le décret du 5 mai 1810 ne s'appliquât pas à cette dernière ville.

Le Préfet de la Marne, dans son amour éclairé pour les arts, ne pouvait laisser dépérir le plus beau monument d'architecture gothique de la France ; aussi, dès l'an xii, mais surtout de 1808 à 1813, sollicita-t-il vivement les fonds nécessaires à l'entretien de l'ancienne basilique de Reims. Deux allocations, l'une de 85,000 francs, faite par décret du 16 juin 1808, l'autre de 146,000 francs, accordée le 4 novembre 1813, permirent à l'architecte Dubut, proposé au choix du Ministre par M. de Jessaint, de faire exécuter les travaux les plus pressants. C'est dans le même but qu'en 1816, le Préfet faisait inscrire au budget départemental une subvention de 20,000 francs, et que plus tard, sur sa demande, le Conseil général, à défaut de nouvelles ressources dont il pût disposer, émettait avec instance, dans ses sessions de 1819 et de 1820, le vœu que le Gouvernement assurât enfin par des crédits suffisants une restauration que le rétablissement de la métropole vint bientôt mettre à sa charge.

La seule école d'arts et métiers, qui existât alors en France, était placée dans le château de Compiègne ; mais le chef du Gouvernement voulait rendre cette résidence à sa destination primitive ; il fallait donc que le château fût évacué. Où transportera-t-on ce bel établissement ? Vous devez croire, Messieurs, que bon nombre de villes vont se mettre sur les rangs pour l'obtenir. M. le baron Durant de Mareuil, chef de division au ministère des relations extérieures, membre du conseil général de la Marne, se demande si l'école qui va quitter Compiègne ne conviendrait pas à la ville de Châlons ; il avertit le préfet de la Marne de la résolution arrêtée.

La réponse ne se fait pas longtemps attendre. « La » ville de Châlons, dit M. de Jessaint, recevra comme » le plus grand bienfait cet établissement que je consi-

» dère comme l'un des moyens les plus puissants pour
» éveiller l'industrie de ses habitants et rendre au com-
» merce l'activité qu'il a perdue. »

M. le baron de Mareuil et M. Thomas, député au Corps
législatif, prennent alors la part la plus active aux démarches de M. de Jessaint. Tout semble promettre à la
ville de Châlons un succès complet, lorsque la volonté
du souverain paraît avoir subitement changé. A moins
de la faveur la plus marquée, il faut renoncer à tout
espoir. Toutefois, l'Empereur doit prochainement passer à Châlons, et le Préfet de la Marne l'entretiendra
de l'affaire. Napoléon lui répond d'abord d'une manière
évasive, mais il n'oublie pas la demande qui lui est faite,
et quand il s'agit plus tard de transférer définitivement
l'école, l'Empereur, qui assistait à la séance du Conseil
d'état, interrompt la discussion dans laquelle une autre
ville était proposée, en disant : « mais Jessaint m'a fait
« une demande pour Châlons. » Cette observation donne
lieu à un nouvel examen de la question, et, le 8 août
1806, une lettre du ministre de l'intérieur annonce of-
ficiellement la translation à Châlons de l'école de Compiègne.

C'est donc à l'amitié de Napoléon pour son ancien camarade de Brienne, que la ville de Châlons doit la belle
école qu'elle est heureuse et fière de posséder.

Le décret qui ordonne la translation est du 5 septembre; l'appropriation des bâtiments ne pouvait souffrir
aucun retard; aussi trente lettres administratives écrites
et cinq arrêtés pris par le préfet, dans l'espace de trois
mois, témoignent-ils de toute l'activité apportée par ce
magistrat à la direction des travaux, qu'ont dû précéder
l'acquisition de onze maisons et la suppression d'une rue.

La haute approbation du ministre fut la récompense du zèle déployé par M. de Jessaint, et dès le 13 décembre de la même année les élèves prenaient possession des bâtiments affectés à l'école.

Je ne vous parlerai qu'en passant de la création, en 1809, d'un dépôt qui, jusqu'à sa transformation en maison de santé, a permis de prévenir et de réprimer la mendicité dans le département de la Marne.

Des mesures prises dans le même temps, pour assurer aux prisonniers autrichiens du travail et des secours, valurent à l'ancien préfet de la Marne, avec une lettre honorable de M. de Metternich, un témoignage de la bienveillance de son souverain. Cette marque de haute satisfaction n'est pas d'ailleurs la seule qu'il ait reçue, car de nombreux passages de souverains étrangers se succédaient à cette même époque dans notre ville, et M. de Jessaint, par la distinction avec laquelle il savait accueillir ces augustes alliés de la France, avait conquis leur confiance et leur estime.

Les événements de 1814 approchaient. M. de Jessaint qui, jusqu'au dernier moment était resté à son poste, dut se retirer devant la force. Ce n'est que le 24 mai qu'il fut appelé de nouveau à diriger la préfecture de la Marne. La position était difficile, car il s'agissait alors de reprendre les rênes d'un département qui, plus que tout autre, avait souffert des rudes secousses de l'invasion. M. de Jessaint avait en outre à lutter contre des impatiences difficiles à contenir et contre des regrets qui avaient parfois le tort de s'exprimer trop ouvertement. C'est alors qu'il inaugura cette politique de conciliation que beaucoup de personnes lui ont reprochée, que, jeunes encore, nous lui avons peut-être reprochée nous-mêmes, mais que commandaient les intérêts qui lui étaient confiés, et que les événements ultérieurs ont justifiée.

M. de Jessaint, sans se départir de la reconnaissance qu'il devait au chef de l'empire et sans incriminer ses actes, s'était rallié franchement à la dynastie qui venait de remonter sur le trône ; mais, à entendre les prétendus amis du nouveau Gouvernement, le préfet de la Marne aurait dû céder sa place à un autre.

Un homme, dont la mémoire est restée en vénération dans notre pays, M. le duc de Doudeauville, prit sa défense, et je suis heureux de vous faire connaître ce qu'il pensait de son ami :

« M. de Jessaint est parvenu à faire rentrer dans le
» trésor près de trois millions depuis quelques mois,
» c'est-à-dire plus de la moitié des contributions de toute
» l'année, dans un département d'où l'on ne croyait pas
» pouvoir tirer cent mille francs ; et, grâce encore à lui,
» à son administration paternelle, à son influence, aux
» soins qu'il s'est donnés pour la rendre utile au Gou-
» vernement du Roi, il n'y a eu que 2,000 francs de
» frais pour le recouvrement de sommes aussi consi-
» dérables, dans des contrées, je le répète, aussi rava-
» gées. Que, malgré ses efforts et un zèle si bien dé-
» montré, il y ait des plaintes contre lui, rien d'éton-
» nant ; les malheureux qui paient, au lieu d'être in-
» demnisés, ne sont pas contents ; les ennemis du Gou-
» vernement qui se voient déjoués ne sont pas con-
» tents ; les amis du Roi qui sont plus royalistes que le
» Roi lui-même ne sont pas contents ; les hommes

» avides qui espéraient profiter de son retour pour d'in-
» justes préférences, auxquelles il est trop juste pour cé-
» der, ne sont pas contents ; les fous qui professent une
» exagération, qu'il est trop sage pour partager, ne
» sont pas contents ; mais les personnes raisonnables et
» vraiment attachées aux Bourbons le sont et le seront
» toujours, vous le pensez comme moi, d'un des préfets
» les plus loyaux, les plus délicats, les plus fidèles, les
» plus sûrs, les plus utiles qu'il y ait, et dont je réponds
» comme de moi-même. »

Qu'ajouterai-je à cet éloge, Messieurs ? Serait-il possible de justifier, mieux que ne l'a fait le noble duc de
Doudeauville, la conduite de M. de Jessaint sous la première restauration ?

Le 20 mars arrive. M. de Jessaint était resté l'homme
de son département. L'Empereur, de retour en France,
ne lui en voudra pas d'avoir fait le bien en son absence ;
il le maintiendra à son poste, et le Préfet de la Marne
profitera de cette faveur pour rendre encore des services à son département.

Le 29 mai 1815, un officier du génie militaire voulait
mettre, disait-il, la ville de Châlons à l'abri d'un coup
de main ; il fallait, pour cela, démolir une partie
des murs de cette ville. Le maire se plaint ; le préfet
réclame à son tour. Il s'adresse au général commandant le département qui, tout en admettant la justice
de la réclamation, l'engage à saisir de la question le
ministre de la guerre. M. de Jessaint écrit énergique-
ment le même jour au Ministre pour lui demander que
les officiers chargés des travaux se renferment dans les
termes du décret du 17 mai, et que les murs de la

ville soient conservés. Il demande en outre que l'art. 5
du décret reçoive son exécution et que les travaux, au
lieu de rester entre les mains du capitaine du génie dont
il blâmait la conduite, soient confiés aux officiers que
le décret désigne. Enfin, il fait ressortir, d'une part,
la nécessité d'assurer, par le maintien d'une enceinte
complète, la perception des droits d'octroi et d'entrée
et, de l'autre, l'énormité de la dépense qu'entraînerait
par la suite la reconstruction des murs d'une ville épui-
sée par des sacrifices de tout genre. Une réclamation
aussi juste fut entendue, et la ville de Châlons n'eut pas
à déplorer une destruction bien inutile à sa défense.

La seconde invasion amena dans les fonctions de
M. de Jessaint une nouvelle interruption qui dura jusqu'au 9 août 1815. Après cette époque, les passions
excitées encore par la lutte des Cent-Jours étaient de-
venues de plus en plus vives. Le Gouvernement, vou-
lant se défendre contre de nouvelles attaques qu'il lui
était bien permis de craindre, usait de sévérité à l'égard
des partisans du Gouvernement impérial, et, comme
cela arrive presque toujours, les fonctionnaires chargés
d'exécuter ses ordres étaient plus sévères que lui-même.
Le préfet de la Marne avait reçu des instructions comme
ses collègues ; il n'avait cependant ordonné aucune ar-
restation, et son département, malgré la division des
esprits, était demeuré calme.

C'est alors qu'un inspecteur général de police, venant de
Reims, arrive à Châlons, y garde pendant plusieurs jours
le plus strict incognito, et ne tarde pas à apprendre que les
plus ardents Bonapartistes n'ont pas même été inquiétés.
Il se rend chez le Préfet et lui demande des explications :

« Je connais mon département, lui dit M. de Jessaint,
» et je réponds de sa tranquillité ; je pense d'ailleurs
» avoir plus fait, pour assurer la fusion des partis, en
» montrant de la confiance et de la douceur, qu'en usant
» de rigueur et de violence envers des citoyens qui se
» rallieront au Gouvernement royal aussitôt qu'ils le
» connaîtront par ses actes. »

Cette réponse, comme on le pense bien, ne satisfit
pas l'inspecteur, et M. de Jessaint eût sant doute payé
de sa place sa louable modération, si le ministère d'alors
n'eût été changé. La clémence revint à l'ordre du jour,
et l'on raconte que Louis XVIII, approuvant la conduite
de M. de Jessaint, déclara qu'il eût été heureux pour
son règne que tous les préfets eussent, comme lui, com-
pris leur mission. Parole honorable pour le roi qui l'a
prononcée, comme pour le fonctionnaire qui en était
l'objet !

Dans une autre circonstance encore où la destitution
de M. de Jessaint était proposée au même monarque,
le Roi, faisant allusion à des services dont la longue durée semblait avoir consacré l'inamovibilité en faveur de
celui qui les avait rendus, aurait dit à son ministre qu'il
fallait respecter, dans la personne du préfet de la Marne,
le principe de la légitimité.

Vers le même temps, des dénonciations arrivaient de
toutes parts contre les fonctionnaires du département.
M. de Jessaint les recevait toutes et laissait croire à
leurs auteurs qu'elles seraient immédiatement trans-
mises à l'autorité supérieure. Ai-je besoin de vous dire
que ces dénonciations sont restées enfouies dans les cartons traditionnels de la préfecture ? Vous en ferez un
mérite, cette fois, à M. de Jessaint qui, dans des temps

plus paisibles, montrait avec complaisance les cartons complices de son généreux mensonge, et disait à qui voulait l'entendre que, s'il avait semblé accueillir avec faveur d'indignes délations, c'est qu'il craignait qu'à son refus elles ne fussent envoyées directement au Ministère qui, trompé par les apparences, eût peut-être sévi à tort contre d'honnêtes citoyens.

M. de Jessaint lui-même courut, quelque temps après, dans son existence comme préfet, un danger que sa finesse ordinaire lui fit éviter. Un fonctionnaire assez haut placé, employé sous ses ordres, trouvait tout naturel de le supplanter. La preuve de la conduite peu honorable de celui-ci ne tarde pas à apparaître. On en parle à M. de Jessaint qui repousse de toutes ses forces une supposition qu'il regarde comme injurieuse pour la personne inculpée. Le fait devient cependant plus évident encore. On l'en entretient de nouveau. « Croyez-vous, répond-il alors, que je ne le savais pas ? » Oui, il le savait, et, à ce moment-là même, une préfecture, autre que celle de la Marne, sollicitée par lui pour son rival était donnée à ce dernier. C'est ainsi que se vengeait M. de Jessaint.

Le 14 août 1816, le neveu du roi, le duc d'Angoulême, passait à Châlons et devait y séjourner. Deux proclamations furent à ce sujet adressées par le préfet à ses administrés. Vous retrouverez les sentiments habituels de M. de Jessaint dans ces belles paroles :

« Que ce jour soit l'époque mémorable de la récon-
» ciliation de tous les esprits ; ne formons qu'une famille
» autour du trône..... Soyons unis..... Montrons-nous
» dignes de nos aïeux, soyons tous Français. »

« La paix publique qui fut à peine troublée parmi

» nous dans des temps de crise, disait-il encore dans
» son discours d'ouverture de la session du Conseil gé-
» néral en 1819, est désormais à l'abri des atteintes de
» la malveillance.

» L'esprit de modération se propage dans toutes les
» classes, les haines s'apaisent, les passions s'éteignent,
» l'esprit de parti perd sa funeste influence et ses moyens
» d'agitation. »

Sans parler ici de tous les nouveaux actes de l'administration de M. de Jessaint, il me suffira de citer l'arrêté du 12 août 1818, qui établit des vaccinations gra-
tuites et des primes en faveur des médecins qui s'y li-
vreront; la création des comices agricoles en 1821; les
mesures prises en 1822 contre les incendies ; mais je ne
puis passer sous silence la part que M. de Jessaint prit,
en 1819, au rétablissement de la statue de Louis xv sur
la place Royale de Reims, et, en 1822, à la fondation du
Mont-de-Piété de la même ville. Je dois rappeler enfin
l'activité avec laquelle furent dirigés par lui, de 1823 à
1827, les importants travaux de restauration faits à l'archevêché et au grand séminaire de Reims.

Ces travaux n'étaient pas encore terminés lorsqu'eut
lieu le sacre du roi Charles x. C'est le préfet de la Marne
qui reçut l'honorable mission de prendre toutes les mesures d'ordre qui devaient présider à cette auguste céré-
monie, et c'est aussi sur lui qu'en retombait la responsa-
bilité tout entière. La tâche était lourde, mais elle fut
dignement remplie, et dans ses dernières années, M. de
Jessaint aimait à se rappeler les témoignages de gratitude que lui avait mérités le zèle dévoué dont il avait
fait preuve dans cette mémorable circonstance.

Je ne vous redirai pas, Messieurs, le noble langage
que le Préfet de la Marne tenait à ses administrés, en
leur annonçant l'arrivée dans leur département d'un monarque qui venait, « au nom de la religion de ses pères,
» renouer la chaîne des temps que des divisions fatales
» avaient interrompues, raffermir le sol de la France d'un
» long ébranlement, y réveiller l'orgueil des nobles sou-
» venirs et la pratique des anciennes vertus. » M. de Jessaint rendait, à cette occasion, une éclatante justice à un
roi qui, quoiqu'en en ait dit, était l'ami de son peuple.

Une ordonnance royale du 26 juin 1823 avait ordonné
la translation à Toulouse de l'école d'arts et Métiers de
Châlons; le Conseil général de la Marne et la ville chef-lieu
avaient réclamé d'abord contre l'injustice de cette mesure, mais inutilement. C'est encore à M. de Jessaint
qu'est due la conservation, dans nos murs, de cette utile
institution; car la lettre ministérielle qui accompagnait l'ordonnance du 6 juillet 1825, par laquelle la première était rapportée, attribue le changement de mesure aux bons sentiments manifestés, dans la grande
occasion du sacre, par les habitants de la Marne, et tout
le monde sait que le Préfet n'avait pas manqué d'insister
vivement auprès du Roi sur le motif qui a prévalu. Disons
cependant que le vénérable Évêque de Châlons, à la disposition de qui avaient déjà été remis les bâtiments de
l'ancien séminaire occupés par l'école, s'empressa de
consentir, avec la bonté qui le caractérise, à un changement de destination demandé dans l'intérêt de sa ville
épiscopale.

L'Hôtel-Dieu de Reims était placé au centre de la

ville. Cette position , sa vétusté , l'insalubrité des bâtiments qui le composaient , avaient à diverses reprises excité la sollicitude de l'administration. L'ancienne abbaye de Saint-Remi, alors propriété nationale, située à l'extrémité de Reims , paraissait pouvoir être convenablement appropriée à un établissement de cette nature. Le Préfet de la Marne et le Conseil général avaient demandé avec instance une translation ardemment désirée dans l'intérêt de la santé publique. Ce vœu avait enfin été accueilli par une ordonnance royale du 6 mars 1822, et l'administration des hospices prenait possession de son nouveau local en 1827.

Le rétablissement de l'archevêché de Reims , que le Préfet et le Conseil général avaient également sollicité pendant plusieurs années , venait enfin d'être accordé aux vœux des habitants de la Marne ; il fallait donc rendre au chef de ce diocèse le palais qui avait appartenu à ses prédécesseurs et qui était occupé par les prisons et par les tribunaux. On songea alors à construire un palais de justice et de nouvelles prisons sur le terrain abandonné par l'Hôtel-Dieu, mais la dépense devait être considérable. La ville en prit une portion à sa charge, et le Préfet obtint le surplus du Conseil général , au moyen d'allocations successives qu'il dut proposer, chaque année, à partir de 1825 jusqu'en 1838. M. de Jessaint contribua ainsi puissamment à la construction d'un édifice, éminemment utile, qui devait embellir la ville de Reims, mais qui, commencé en 1829 , ne put être achevé que sous l'administration de son petit-fils.

Un monument religieux de la même ville, bien précieux au point de vue de l'art et de l'histoire, l'immense et magnifique basilique de Saint-Remi, dont Léon ix, venu tout exprès de Rome, fit la consécration au xie siècle, était menacé d'une destruction prochaine. M. de Jessaint s'en émut et demanda le concours du Gouvernement pour la conservation de cet antique édifice. Sa réclamation fut entendue, et bientôt un projet de restauration dressé par deux habiles architectes (1) fut soumis à l'examen d'une commission mixte, dont un membre (2) avait été désigné par le Préfet de la Marne. La commission se livra à son travail avec une ardeur qu'explique l'intérêt qu'elle y attachait, et, le 14 janvier 1829, la ville de Reims apprit qu'une décision ministérielle, en approuvant le projet et en lui accordant, pour l'exécuter, une large subvention, lui permettrait de rendre au culte et de livrer, pendant plusieurs siècles encore, à l'admiration des étrangers une église célèbre par le sacre d'un grand nombre de nos rois, qu'elle avait craint de voir, comme la regrettable église de Saint-Nicaise, disparaître sous les ruines (3).

Le même intérêt pour les arts avait, quelque temps auparavant, déterminé M. de Jessaint à solliciter du Conseil général diverses allocations pour la restauration de

---

(1) MM. Hittorf et Lecointe.

(2) M. Mazois, inspecteur général des bâtiments civils, remplacé, à son décès, par M. Caristie, sur la proposition et sous la surveillance de qui M. Serrurier, architecte à Reims, fut chargé des travaux.

(3) L'adjudication des travaux eut lieu le 25 avril 1829. La dépense totale, qu'ils ont entraînée, s'est élevée à plus de 600,000 francs.

la belle cathédrale de Châlons et de l'intéressante église de Notre-Dame de Lépine.

Vous vous rappelez, Messieurs, l'ardeur avec laquelle, à l'approche des élections de 1830, les comités électoraux faisaient la guerre à ceux qu'ils considéraient comme faux électeurs. M. de Jessaint devait, moins qu'aucun autre, être exposé au soupçon de fraude ; il n'y échappa cependant pas, et le comité d'une ville voisine délégua plusieurs de ses membres pour se rendre à la préfecture, avec la mission d'exiger la radiation des électeurs qui auraient été indûment inscrits, entre autres du sous-préfet lui-même. L'un d'eux, plus ardent que les autres, faisait beaucoup de bruit dans les bureaux ; on en rend compte à M. de Jessaint. Malgré ses efforts pour éviter une explication, l'opposant se décide à entrer en conférence avec le Préfet. La conversation roule d'abord, en termes généraux, sur l'objet de la démarche, lorsque, M. de Jessaint, qui s'interrompt tout-à-coup, dit au visiteur : « aimez-vous les roses ? J'en ai une jolie collec» tion, venez donc la voir. — Mais je ne suis pas ici pour » cela. — C'est égal, nous reprendrons ensuite notre en» tretien. » M. de Jessaint conduit le délégué dans son jardin, lui fait admirer ses fleurs, et puis, déployant les qualités et les ressources d'un esprit aussi fin qu'adroit, aborde la question politique qu'il traite en administrateur consommé ; enfin, revenant à l'objet de la réclamation, il démontre sans peine qu'il n'a porté sur la liste que ceux qui avaient droit d'y figurer et qu'ainsi la plainte est sans fondement ; mais il est des nécessités de circonstance auxquelles, tout en se plaçant sous la bannière de la liberté, comme le faisait alors l'opposition, on n'est pas maître de se soustraire ; aussi le réclamant, qui est arrivé avec un parti pris, ne se tient-il pas pour battu. Le Préfet lui dit alors, en riant, qu'il est un diable, et le représentant du comité électoral, tout opposant qu'il est et qu'il veut rester, se retire content, à part lui, de M. de Jessaint, qui a fait sa conquête, et pour qui il montrera plus tard un sincère dévouement.

Peu de temps après le Préfet de la Marne était mandé à Paris. On voulait obtenir de lui des renseignements sur l'état des esprits dans son département. Charles x, qui lui témoignait de la confiance et de l'affection, lui donna audience et lui fit pressentir le coup d'état qui allait bientôt se réaliser. M. de Jessaint, dans cette occasion, fournit une nouvelle preuve de cette connaissance des hommes et des choses qui signala tous les actes de sa vie. « Ah ! Sire, lui répondit-il avec une courageuse » franchise, que votre Majesté y prenne garde, car sa » couronne pourrait courir les plus grands dangers ! » Les conseils du Préfet ne furent pas suivis; mais déjà, à cette époque, quelle que fût la conduite du Gouvernement, la monarchie de la branche aînée ne pouvait plus résister aux violentes ou perfides attaques qui devaient entraîner sa chûte.

En vous rappelant les principaux traits de la vie publique de M. de Jessaint, j'ai dû aborder toutes les révolutions, puisqu'il les a traversées toutes. Il était difficile toutefois à un fonctionnaire de survivre à la Révolution de Juillet.

Vous n'avez pas oublié, Messieurs, avec quelle ardeur tous, capables ou incapables, mais principalement ces derniers, couraient à la curée des places ; il semblait qu'il dût suffire d'avoir poursuivi la Restauration dans ses jours d'agonie par de lâches outrages pour que la

carrière des honneurs s'ouvrît devant les héros qui, pour
la plupart après le péril, s'étaient proclamés les sau-
veurs du pays et de ses libertés. La préfecture de la
Marne devait être enviée ; aussi le fut-elle. M. de Jessaint
était resté ce qu'il était auparavant, l'homme de son
pays. De l'enthousiasme, il n'en faisait pas, parcequ'il
ne savait pas en faire. Hâtons-nous de dire cependant
que le très habile homme d'état, qui dirigeait alors le
ministère de l'intérieur, sut résister à l'entraînement
général et conserva M. de Jessaint dans ses fonctions.
« Tant que le ministère actuel durera, disait Royer-Col-
» lard dans une lettre du 21 octobre 1830, M. de Jessaint
» est inébranlable ; ne croyez rien de ce qu'on peut vous
» dire au contraire. »

Les démarches hostiles au préfet de la Marne conti-
nuaient cependant. Aussi notre illustre compatriote écrivait-il encore à Mme de Jessaint, le 13 janvier :

« J'entends dire, Madame, que vous avez éprouvé de
» nouvelles tribulations. Quoiqu'elles ne soient pas du
» même ordre que les miennes, elles se font sentir,
» même à l'âme. Comptez, je vous prie, que tout ce qui
» vous atteint, de quelque manière que ce soit, arrive
» jusqu'à nous. M. de Jessaint tient depuis bien long-
» temps une grande place dans nos souvenirs et nos affec-
» tions, et vous la partagez naturellement avec lui. »

On peut à bon droit, Messieurs, s'honorer de sem-
blables amitiés, et je rappelerai ici que M. de Jessaint
fut l'ami, non seulement des illustres personnages que
j'ai déjà nommés, mais encore du consul Le Brun, du
prince de Talleyrand, du comte Roy, de notre compatriote et collègue, le spirituel M. de la Boulaye, du duc
de Larochefoucault-Liancourt, et d'une foule d'hommes
distingués qui, à divers titres, ont honoré la France.

Ici peut trouver place un fait qui , en rendant hommage aux sentiments religieux de son auteur, en prouvera toute la sincérité. On se rappelle qu'après la chûte de la légitimité, bien des gens affichaient autant d'irréligion qu'ils avaient auparavant simulé de respect pour les choses saintes. M. de Jessaint ne pouvait suivre un aussi déplorable exemple ; avant 1830 , il avait accompagné chaque année les processions de la Fête-Dieu ; il les accompagna encore après la révolution de Juillet, avec cette seule différence que son cortége devint moins nombreux ; de grossières insultes lui furent même , en 1831, adressées à cette occasion, mais il eut la générosité de n'y répondre que par le mépris et même d'intercéder en faveur du coupable pour lui épargner le châtiment que méritait son indigne conduite.

M. de Jessaint était resté préfet de la Marne; on n'attendait pas de lui de la politique ; ce n'était pas son rôle; il se contenta de faire de l'administration et de se dévouer, comme par le passé , aux intérêts de son département, en s'efforçant de lui faire oublier les maux que les révolutions amènent toujours à leur suite.

« La tranquillité qui s'est à peine démentie, dans notre » département, disait à cette occasion le Conseil général » de la Marne dans sa session de 1831, est le sujet d'un » nouvel hommage que le Conseil adresse au premier » magistrat, dont ce calme, presque sans nuage, est en » partie l'ouvrage. »

L'instruction primaire avait toujours été hautement patronnée par M. de Jessaint. Aussi, s'empressait-il, dès la même session, d'exprimer le vœu qu'une école normale fût bientôt établie dans le département de la Marne,

et de proposer, en attendant cette création, la fondation,
dans l'école normale de Paris, d'un certain nombre de
bourses destinées à former d'habiles maîtres, qui rap-
porteraient dans le département le fruit de leurs études.
Le Conseil général avait accueilli cette demande, et, dès
l'année suivante, sur une nouvelle proposition du Préfet, il votait, le 6 février 1833, par conséquent plusieurs
mois avant que la loi du 28 juin de la même année ne
lui en eût fait une obligation, la création de cette école,
remarquable à tant de titres, qui, depuis vingt ans, a
régénéré l'instruction dans nos campagnes. Vous vous
étiez, Messieurs, par avance associés à cette œuvre, car,
montrant de nouveau la confiance qu'il avait en vos lumières, M. de Jessaint vous avait demandé votre avis,
et le rapport que lui avait présenté notre Société sur
cette importante question était une des pièces qu'il avait
mises sous les yeux du Conseil général.

Le département de la Marne touchait à une crise dou-
loureuse. Un fléau destructeur était à ses portes et devait
bientôt l'envahir de toutes parts. Le danger était d'autant
plus grand que la cause du mal était inconnue et qu'il semblait d'autant plus difficile d'y apporter remède. M. de
Jessaint, dans cette triste circonstance comme toujours,
fera son devoir. Dès le mois d'août 1831, il organise une
intendance et des commissions sanitaires. Des mesures
sont prises sur tous les points du département pour con-
jurer le fléau ; des secours sont assurés, des ambulances
établies ; des médecins vont étudier la maladie dans les
hôpitaux de la capitale ; des hommes de l'art sont appe-
lés du dehors et reçoivent de l'administration, avec
ceux du département, l'honorable et périlleuse mission

de se transporter dans les localités les plus menacées pour disputer à la mort ses victimes. Le mal fut grand, Messieurs, et lorsqu'après la cessation du fléau, les familles vinrent à se compter, quels vides ne trouvèrent-elles pas au milieu d'elles ! Que d'orphelins laissés sans appui et sans ressources ! Que de misères à soulager ! La tâche de l'administration avait changé de nature, mais elle n'était pas moins difficile à remplir. Il fallait provoquer la charité publique et la charité privée. Disons-le à l'honneur de notre pays, ni l'une ni l'autre ne firent défaut. La bienfaisance personnelle du vicomte et de la vicomtesse de Jessaint s'exerça noblement, on le sait, malgré la discrétion dont elle s'était entourée. Le Gouvernement vint aussi en aide aux malheureux par de larges allocations, et c'est avec bonheur que le Préfet de la Marne annonçait au Conseil général, dans sa séance du 6 février 1833, que, sur les fonds mis à sa disposition, il lui restait une somme de 14,000 francs qu'il se proposait de distribuer aux victimes de l'épidémie. Ajoutons que le Conseil général s'empressa lui-même, sur la proposition du Préfet, de voter, avec la même affectation, un crédit de plus de 8,000 francs.

L'ancien conseil général dut, en 1833, céder sa place à un conseil général électif. M. de Jessaint redoutait les conséquences de cette innovation, car on lui avait présenté certains membres du nouveau conseil comme devant lui faire une guerre sérieuse. On ne l'avait pas trompé, mais il fallait que l'opposition comptât avec l'habilité de celui dont elle voulait attaquer les actes.

M. de Jessaint sent bientôt tout le parti qu'il peut tirer, au profit de l'administration départementale, des conseillers que les électeurs lui ont donnés ; il fait avec adresse des concessions nécessaires, sans jamais laisser soupçonner qu'il les a faites. Les discussions sont souvent vives, mais il y a du plaisir à voir avec quelle simplicité apparente M. de Jessaint lance à propos des traits de lumière qui frappent tous les yeux. Il devient, en un mot, maître de son conseil général qui est le dernier à s'en apercevoir, parceque l'administrateur s'efface toujours et que c'est en faisant appel aux sentiments les plus élevés qu'il attire à lui les esprits et les consciences. Les opposants eux-mêmes reconnaissent enfin, mais lorsqu'ils lui sont devenus tout dévoués, qu'il est le séducteur par excellence, parce qu'il agit toujours dans le véritable intérêt du pays.

Aussi, dès sa première session, en 1834, le nouveau Conseil général s'associait-il unanimement à cette conclusion d'un remarquable rapport sur le budget départemental :

« C'est un bonheur pour le département que d'avoir » toujours eu le même préfet, homme de bien, ennemi des » réactions, appui des faibles, modérateur des forts, et » finissant par rallier à son administration paternelle les » esprits et les cœurs, les affections et les suffrages. »

M. de Jessaint méritait cet éloge à un autre titre encore ; il aimait les habitants de la Marne, et sa vive affection pour eux se manifestait souvent par des actes.

C'est ainsi que, peu de temps après 1830, étant à Beaulieu, il apprend que des ouvriers de Reims se sont mis en état de rébellion. Il part sur le champ pour cette ville, persuadé que sa présence suffira pour le rétablissement de l'ordre ; mais, dans son empressement à monter en voiture, il tombe et se blesse grièvement. Cette circonstance ne l'arrête pas ; il voyage la nuit, arrive à Châlons et, malgré les douleurs les plus vives, se dispose à continuer immédiatement sa route. On lui fait quelques représentations, mais en vain. « Il faut, dit-il, que je » parte, car le général pourrait regarder la répression » comme une campagne, et, moi préfet, j'aimerais mieux » perdre un bras que de voir couler une goutte de sang » d'un de mes administrés.» Celui-là même à qui M. de Jessaint avait fait cette noble réponse la racontait, en 1838, dans un journal d'opposition (1).

Mais la meilleure preuve de son attachement à notre pays, c'est qu'il est resté pendant trente-huit ans préfet de la Marne et que jamais il n'a voulu, si ce n'est au moment d'une retraite devenue nécessaire, accepter un poste plus éminent.

Laissons encore parler M. le duc de Doudeauville, à cette même date de 1838 :

« M. le vicomte de Jessaint, disait-il dans une lettre » adressée au journal *l'Echo français*, est effectivement » préfet depuis la création, et toujours préfet de la » Marne.

» Cette inamovibilité est remarquable dans ce siècle » où tout change, mais elle n'est pas moins honorable.

» Lorsqu'on veut avoir des places ou les conserver, » on flatte la puissance ; il n'a jamais flatté que l'infor-» tune et s'est toujours montré le protecteur des persé-» cutés.

» Sous tous les régimes, ceux qui croyaient avoir quel-» que chose à craindre accouraient à lui, sûrs de son

---

(1) M. Briaune. Journal *Le Messager*. Novembre 1838.

» appui et d'un dévouement qu'il a souvent montré avec
» autant de courage que de danger.

» A chaque changement, ils venaient le prier de res-
» ter pour les sauver ; il restait par ce seul motif, et il
» les sauvait par son appui.

» L'estime et l'attachement qu'il inspirait à tous les
» partis, par les services qu'il ne cessait de rendre in-
» distinctement à tous ceux qui avaient besoin de son
» secours, lui donnaient un grand ascendant sur tous
» ces partis.

» Personne d'ailleurs ne pouvait leur être plus utile
» qu'un homme qui avait acquis une grande considéra-
» tion, une juste influence dans un département qu'il
» gouvernait paternellement.

» C'était un père de famille qui restait constamment
» au milieu de ses enfants.

» L'anecdote suivante prouvera si ce que je dis est
» exact, et si c'est l'ambition qui l'a fait rester dans la
» modeste préfecture de la Marne.

» A la restauration, j'obtins pour lui, comme récom-
» pense de tous les services qu'il avait rendus, la pré-
» fecture du Nord.

» Je lui annonçai, bien content, cet acte de justice ;
» il m'en témoigna le chagrin le plus violent.

— » Mais cette préfecture vaut deux ou trois fois la
» vôtre.— Ce n'est pas l'intérêt qui m'a jamais guidé. —
» Mais ce département est intact ; le vôtre est presque
» ruiné. — C'est pour cela que je ne veux pas le quit-
» ter, afin d'empêcher sa ruine totale et de réparer ses
» pertes énormes.

» Il ne fut tranquille et consolé que quand j'eus fait
» annuler sa brillante nomination.

» Ce qu'il voulait faire, il l'a fait, et ce malheureux
» département est devenu, grâce à ses soins éclairés et
» à sa tendre sollicitude, un des plus prospères de
» France.

» Qu'on lui pardonne donc à lui, ami de son pays et
» de ses compatriotes, de ne pas les avoir abandonnés,
» et qu'on me pardonne à moi aussi, ami sincère de mon
» pays et de mes compatriotes, de défendre un des plus
» estimables et des plus estimés d'entre eux.

» Je ne dois pas être suspect en défendant quelqu'un
» qui, forcément, s'est soumis avec loyauté à plusieurs
» changements de Gouvernement ; car moi, depuis cin-
» quante ans, je n'ai changé, ni de marche, ni d'opinion.»

Je m'étais imposé, Messieurs, la tâche de justifier M. de
Jessaint du reproche que lui ont fait certains détracteurs
d'avoir servi tous les Gouvernements qui se sont succédé en France, mais que pourrais-je dire après M. le duc
de Doudeauville, si ce n'est que, sous tous les Gouvernements, le haut fonctionnaire dont il a pris si justement
la défense n'a jamais eu d'autre pensée que celle de servir son pays ?

Si M. de Jessaint avait un vif attachement pour les
habitants de la Marne, ceux-ci le payaient bien de retour,
et je n'aurais, pour en donner la preuve, que l'embarras du choix dans les traits que sa vie publique peut me
fournir.

En 1834, une coalition d'ouvriers, qui avait pour **but**
une augmentation de salaire, avait porté le trouble dans
la ville de Reims. M. de Jessaint s'y rend pour l'apai-
ser. C'était une véritable émeute, tant était considérable
le nombre de ceux qui y avaient pris part. Le Maire en

est effrayé ; il pense même que le Préfet ne peut parcourir les rues de la ville sans s'exposer à de grands dangers. Cette crainte n'arrête pas M. de Jessaint ; il sort, accompagné seulement de son secrétaire. Arrivé sur la place du parvis de la Cathédrale, il se trouve au milieu d'un rassemblement considérable. « Ah! c'est M. le préfet, » s'écrient aussitôt les ouvriers, en se pressant avec respect autour de lui. Comme il paraît marcher avec quelque difficulté, deux d'entre eux lui offrent leur bras. M. de Jessaint adresse alors à tous ceux qui peuvent l'entendre de ces paroles qui, dans sa bouche, ne manquaient jamais de produire leur effet ; il leur démontre avec bonté combien sont désastreux pour leurs familles et pour eux-mêmes les résultats d'un repos volontaire qui prive la plupart d'entre eux de leurs moyens de subsistance. « Reprenez vos travaux, leur dit-il, et comptez sur moi ; » je défendrai votre cause. Vous pouvez au surplus nom- » mer des délégués qui débattront, en ma présence, vos » intérêts avec les fabricants. » Cette proposition est unanimement acceptée ; les ouvriers reconduisent le Préfet jusqu'à la demeure du Maire. La réunion proposée a lieu ; le taux des salaires est maintenu, mais les fabricants consentent, sur la proposition de M. de Jessaint, à donner des secours extraordinaires aux plus nécessiteux. Cette transaction, qui sauve les principes, est acceptée avec reconnaissance, et l'ordre est rétabli.

Le duc d'Orléans arrive à Reims quelques jours après. Grâce à M. de Jessaint, le calme avait succédé à l'orage ; aussi la population ouvrière, qui est toujours bonne quand elle est bien dirigée, accueille-t-elle avec enthousiasme le fils du Roi et traîne-t-elle dans les rues de la ville la voiture du prince dont elle a dételé les chevaux.

Dans une autre occasion encore, la même population montrait son affectueuse sollicitude pour le premier magistrat du département. C'était un jour de grande revue de la garde nationale ; la milice de la cité avait défilé devant le Préfet ; la fête avait été fort belle. Au retour cependant, la cavalerie, cause d'un désordre involontaire, refoule les piétons au milieu desquels se trouve M. de Jessaint. Forcé de se jeter sur le côté de la rue, il est ainsi séparé de son cortége. En le voyant dans cette situation, les personnes qui l'entourent craignent pour lui ; on s'inquiète vivement, et chacun veut lui faire un rempart de son corps.

De 1835 à 1837, M. de Jessaint, avec l'aide du Conseil général, termina les routes départementales, commença le classement des chemins vicinaux de grande communication, que devait continuer avec tant de zèle M. Bourlon de Sarty, son successeur, et convertit l'ancien dépôt de mendicité en un hospice destiné principalement à l'aliénation mentale, de telle sorte que la loi salutaire du 30 juin 1838 avait reçu à l'avance son exécution dans le département de la Marne.

On a reproché à M. de Jessaint, peut-être un peu par habitude, car c'est le reproche qu'on fait à toutes les administrations, d'avoir laissé trop souvent dormir dans les bureaux certaines affaires qui auraient exigé une prompte solution. Cela peut être vrai, du moins au point de vue de quelques impatiences qui n'étaient jamais assez tôt satisfaites. Mais il convient de dire aussi que M. de Jessaint savait, avec un discernement parfait, distinguer les réclamations qui présentaient une véritable urgence, de celles que la passion avait conseillées.

Pour les premières, il les accueillait sans délai. Quant aux autres ; il paraissait les oublier, mais dans l'espoir que le temps, ayant calmé les esprits, rendrait toute solution inutile.

La Ville de Reims a pu remarquer, à l'occasion d'une affaire importante pour elle, que M. de Jessaint, quand il le fallait, ne laissait pas attendre sa décision. Cette Ville avait conclu, avec un ingénieur distingué, un traité relatif à une nouvelle distribution, dans ses différents quartiers, des eaux de la rivière de Vesle ; mais elle devait, pour le réaliser, obtenir l'approbation du Gouvernement et solliciter l'autorisation de recourir à un impôt extraordinaire. Le maire et un délégué du conseil municipal arrivent à Châlons le 13 mars 1838, se mettent aussitôt en rapport avec le Préfet, et le prient de donner sans retard son avis. M. de Jessaint, qui a saisi avec sa perspicacité ordinaire l'ensemble et les détails de l'immense projet qui lui est soumis, satisfait immédiatement à leur désir, et le jour même, repoussant ainsi, quoique sur la fin de sa carrière, le reproche banal de lenteur qu'il ne méritait pas, résume l'affaire dans un avis longuement et nettement motivé qui dès le lendemain parvient dans les bureaux du ministère.

La prudence était une des qualités distinctives de M. de Jessaint. On l'entendait souvent dire qu'avant d'entamer une affaire, il fallait bien mesurer ses forces pour savoir si l'on pourrait réussir.

C'est surtout dans ses rapports avec les maires de son département qu'il faisait preuve de cette qualité si nécessaire à un administrateur. Les bons conseils du Préfet ne leur permirent jamais d'engager leurs communes dans ces entreprises hasardeuses qu'un zèle sans expérience inspire trop souvent à des hommes chez qui les lumières ne répondent pas toujours aux bonnes intentions ; il se faisait un devoir de les éclairer, en se mettant à leur portée, et en leur faisant comprendre, sans blesser leur susceptibilité, que, s'ils ne renonçaient pas tout-à-fait à des projets trop ambitieux, ils devaient au moins les restreindre à des proportions plus modestes, et épargner à leurs administrés de trop lourdes charges. La porte de son cabinet leur était ouverte à chaque heure de la journée, et, lorsqu'ils éprouvaient quelque embarras dans l'exercice de leurs fonctions, ils le trouvaient toujours prêt à répondre à leurs questions avec une bienveillance pleine de distinction qui commandait tout à la fois le respect et la confiance. M. de Jessaint, en un mot, était l'idole des Maires qui se plaisaient à raconter dans leurs communes avec quelle bonté ils avaient été accueillis par le premier magistrat du département, et à répandre ainsi dans tous les esprits les sentiments dont ils étaient eux-mêmes pénétrés.

L'accueil fait aux fonctionnaires municipaux ne différait pas d'ailleurs de celui que recevaient, chez M. de Jessaint, tous les habitants de la Marne, grands ou petits, que leurs affaires appelaient auprès de lui (1). Ja-

---

(1) « A la porte d'un grand hôtel de Châlons, on demandait si
» M. le Préfet était visible, et, à la figure du concierge, à peine
» attendiez-vous la réponse. On vous indiquait la porte en face,
» et, en traversant une antichambre et un salon, vous vous an-
» nonciez vous-même en frappant au cabinet du Préfet. Entré,
» vous contiez votre affaire et, si vous ne sortiez pas toujours
» victorieux, vous ne sortiez du moins jamais mécontent. »
M. Briaune. Journal *le Messager* déjà cité.

mais il ne fit difficulté d'écouter leurs explications ou leurs plaintes, et personne, même lorsqu'il avait repoussé une demande qui ne lui semblait pas fondée, ne songeait à réclamer contre sa décision, car il avait dans ce cas pris la peine de déduire, avec l'expression du regret, les motifs d'un refus nécessaire.

Tels sont les moyens à l'aide desquels il faisait chérir et respecter son autorité jusque dans les localités les plus éloignées de sa résidence, fondant ainsi, dans notre département, sur les bases les plus solides cet esprit d'ordre et de modération qui a rendu facile la tâche de ses successeurs.

Encore un trait, Messieurs; c'est le dernier que je vous citerai de ceux qui se rapportent à la longue administration de M. de Jessaint; mais, si je ne me trompe, vous trouverez dans le fait auquel il se rattache une preuve plus éclatante encore de l'habileté, de la finesse, de la bonté et de l'esprit de conciliation qui distinguaient l'ancien préfet de la Marne.

En 1833 ou 1834, M. Droinet, rédacteur d'un journal d'opposition démocratique publié à Reims (1), vient demander à la préfecture un passeport à l'étranger. Ce passeport est immédiatement délivré, mais conformément aux instructions, il fallait, avant d'en faire usage, obtenir le visa de la légation Prussienne à Paris. M. Droinet en est averti par les bureaux.

Ce retard mécontente le voyageur, qui répond par quelques plaisanteries sur la nécessité imposée à un Fran-

---

(1) *Le Grapilleur.*

çais de se soumettre à la permission d'une autorité étran-
gère. A son retour à Reims, il se venge en journaliste,
en publiant un article assez spirituellement écrit et inti-
tulé : *la Prusse ne veut pas.*

Il racontait à ses lecteurs que la France, ce noble et
beau pays qui avait conquis l'Europe, se trouvait en ce
moment la très humble servante du roi de Prusse, sans
la volonté de qui un Français ne pouvait plus voyager ;
ce thème lui servait à déconsidérer autant que possible
le Gouvernement et l'administration.

« Ainsi, disait-il, vous voulez vous rendre à Lyon ;
» vous faites vos paquets ; vous croyez partir. Non : *La*
» *Prusse ne veut pas.*

» Vous vous imaginez que, par sa richesse et par son
» industrie, la France pourra reconquérir le rang qu'elle
» occupait avant la restauration. Vous avez tort. *La*
» *Prusse ne veut pas..*

» Vous vous plaignez de la lenteur des affaires admi-
» nistratives et vous vous en prenez aux préfets. Vous
» avez encore tort. *C'est la Prusse qui ne veut pas qu'on*
» *aille plus vite.* »

L'opposition, comme vous le savez, était alors à la
mode ; il était de bon ton de critiquer systématiquement
tous les actes du pouvoir ; aussi l'article eût-il un plein
succès.

Quelques jours après M. Droinet revient à la préfecture pour en retirer son passeport ; mais il est accueilli,
dans les bureaux, par une vive apostrophe et par la me-
nace d'en être expulsé. Pensant trouver plus de bienveillance dans le Préfet lui-même, il s'adresse à M. de
Jessaint. « Ah ! c'est vous, M. Droinet, lui dit ce der-
» nier ! savez-vous bien que vous avez fait un article très

» spiriluel? Il est vrai que vous attaquez un peu l'admi-
» nistration ; c'est votre rôle, puisque vous êtes de l'op-
» position ; vous n'êtes cependant pas très juste dans
» vos appréciations, et je vous crois meilleur que vous
» ne paraissez l'être ; car, si vous ressemblez à votre
» père, vous devez avoir bon cœur. Je l'ai connu, votre
» père, lorsqu'il était maître de pension à Reims, et je
» me souviens qu'à une certaine époque, ses ennemis
» lui eussent fait perdre sa position, si je ne m'étais in-
» terposé entre eux et lui, et si je n'avais été assez heu-
» reux pour lui conserver sa place. »

« C'est vrai, dit M. Droinet vivement frappé par ce sou-
» venir, et je me reproche de l'avoir oublié.» Les larmes
lui viennent aux yeux et, saisissant avec empressement la
main de M. de Jessaint, il lui donne l'assurance que
désormais il conservera une éternelle reconnaissance
d'un aussi éminent service rendu à son père et à sa famille, qui n'ont cessé de bénir le nom de leur bienfai-
teur.

Le journaliste se retire, mais en faisant hautement
l'éloge du Préfet de la Marne et en regrettant amère-
ment d'avoir livré à la publicité un article qui pouvait
le blesser. Ces sentiments, Messieurs, sont demeurés
dans le cœur de M. Droinet, car quelques années après,
à son retour de Russie, il se plaisait encore à raconter
sa conversation avec M. de Jessaint et vint même lui exprimer de nouveau toute sa gratitude.

J'ai nommé M. Droinet, Messieurs, et peut-être en se-
riez-vous étonné si je ne vous disais que cet homme de lettres, rentré tout récemment en France après avoir acquis
une position honorable dans l'industrie, a certifié lui-
même l'exactitude du récit que je viens de vous faire, en

m'autorisant à vous dire son nom. « On ne peut que s'ho-
» norer, dit-il à l'un de ses amis, en rendant hommage
» à la mémoire d'un homme de bien. M. Sellier, ajoutait-
» il, peut dire encore (et c'est ce qui a le plus contribué
» à l'émotion que j'ai éprouvée en trouvant dans M. de
» Jessaint tant de bonté et de bienveillance pour moi)
» qu'à ce moment-là même où il m'accueillait si bien,
» il n'ignorait pas que j'eusse, en 1831, rédigé et publié
» un mémoire tendant à démontrer l'impossibilité, pour
» le Gouvernement, de conserver, à la tête de l'admi-
» nistration des départements de la frontière, les fonc-
» tionnaires qui avaient, sous le Gouvernement des Bour-
» bons de la branche aînée, reçu les alliés, en 1814 et
» 1815, et pendant l'occupation. Ce mémoire, dans le-
» quel je signalais nominativement M. de Jessaint, fut
» présenté par moi à M. de Montalivet, alors ministre
» de l'intérieur; et, comme vous savez qu'à cette époque,
» emporté par la fougue de la jeunesse, je ne voulais
» rien faire qu'à ciel ouvert, j'avais pris le soin d'en-
» voyer directement à M. de Jessaint six exemplaires de
» ce mémoire.

» Il avait assurément assez de grandeur d'âme pour
» apprécier, comme elle devait l'être, cette rude fran-
» chise qui caractérisait ma démarche envers lui ; mais
» toujours est-il que la présentation et la publication
» de mon mémoire ne pouvaient être pour lui chose
» agréable ; il ne m'en a cependant pas moins témoigné
» ces sentiments de bienveillance qui m'ont si fortement
» impressionné, et dont je vous ai rendu compte en le
» quittant.

» Depuis cette époque, M. de Jessaint n'a cessé d'être
» l'objet de ma vénération, et je vous suis reconnaissant

» de m'avoir fourni l'occasion de rendre hommage à son
» beau caractère.

» Je vous livre ces faits, pour que vous les communi-
» quiez à son biographe, heureux de m'associer indirec-
» tement à ses généreux efforts. »

M. Droinet a raison, Messieurs. Si la conduite de
M. de Jessaint à son égard, dans les circonstances que
vous connaissez, prouve, une fois de plus, l'élévation
des sentiments de l'esprit et du cœur de notre ancien
préfet, la généreuse déclaration que je viens de vous
lire donnera à son auteur une place dans votre estime.

C'est au mois d'avril 1838, que la mort vient enlever
à M. de Jessaint la femme distinguée dont je vous ai
retracé les éminentes qualités. Séparé ainsi de la digne
compagne qui, pendant plus d'un demi-siècle, avait fait
le charme de sa vie, le Préfet de la Marne, arrivé d'ailleurs à un âge avancé, est forcé de résigner ses fonctions.

Les paroles qu'à cette occasion il adressait à ses administrés méritent d'être recueillies :

« J'éprouve, leur disait-il, en quittant l'administra-
» tion de ce département, le besoin de vous exprimer
» ma vive reconnaissance de la bienveillance dont vous
» m'avez honoré pendant ma longue carrière admini-
» strative.

» Dans les moments difficiles, vous m'avez soutenu,
» et m'avez donné des preuves d'intérêt et d'attachement
» que je n'oublierai jamais.

» Ce n'a pas été sans un sentiment pénible que j'ai vu
» le moment de ma retraite arrivé ; mais mon âge, le
» malheur que j'ai éprouvé, ne me laissaient plus les

» moyens de remplir convenablement mes fonctions. Ce
» passage à la vie privée est accompagné de faveurs dont
» je sens tout le prix. Mon petit-fils est appelé à me suc-
» céder, et le roi m'élève à une dignité à laquelle, ni ma
» position, ni mes faibles services ne me donnaient au-
» cun droit de prétendre. J'aime à reconnaître que la
» source de toutes ces faveurs vient de vous.

» Mon petit-fils saura justifier, je l'espère, la haute
» marque de confiance qui lui est accordée, et je serai
» heureux si je vois reporter sur lui cette bienveillance
» que vous m'avez prodiguée.

» Je finirai mes jours au milieu de vous : où trouverais-
» je des lieux plus chers à mon cœur, si les derniers
» moments de ma vie sont entourés de votre estime ! »

Vous ne vous trompiez pas, vénérable vieillard, en
pensant que les habitants du département de la Marne
partageaient vos sentiments à leur égard ; mais ce n'est
pas seulement leur estime que vous aviez conquise ; leur
reconnaissance et leur affection vous étaient assurées et
ne vous ont jamais fait défaut pendant les années lon-
gues encore, mais trop courtes pour nous, que vous
réservait la Providence !

Les regrets du conseil général de la Marne suivirent
M. le vicomte de Jessaint dans sa retraite. « Ce magistrat,
» disait cette assemblée, en terminant sa session de 1839,
» s'était fait du département une famille, et il en a été
» récompensé par le dévouement et la vénération de ses
» administrés. Le Roi a reconnu ses longs et utiles ser-
» vices en l'élevant à la première dignité de l'Etat et
» en lui donnant son petit-fils pour successeur. »

La Ville de Reims, elle aussi, voulut acquitter sa dette de reconnaissance envers notre ancien préfet. Quelques jours après son installation, M. Bourlon de Sarty visitait la cité la plus importante de son département, et y était accueilli comme devait l'être le petit-fils de son prédécesseur.

« La franchise habituelle du caractère Rémois, lui di-
» sait le Maire à cette occasion, ne nous permet pas de
» vous dissimuler les regrets que nous inspire la retraite
» de M. de Jessaint.

» Comment, en effet, pourrions-nous sans ingratitude
» oublier les bienfaits dont deux générations d'hommes
» sont redevables aux talents et aux vertus de ce sage
» administrateur?

» Nous vous dirons, avec la même franchise, que le
» choix de son successeur est pour nous un puissant
» motif de consolation, persuadés que nous sommes que
» vous marcherez dans les voies si heureusement tra-
» cées par votre digne aïeul, et que vous recueillerez le
» noble héritage de cette affection tendre à la fois et
» respectueuse, filiale en un mot, dont le département
» entier environne sa vieillesse honorable.......... »

Une fête splendide est offerte à M. Bourlon de Sarty, mais M. de Jessaint y manque; elle ne peut être complète. Aussi, dans les salons du Sous-Préfet, réclame-t-on de toutes parts la présence de celui qu'on veut revoir pour lui exprimer les sentiments qui débordent de tous les cœurs. Il est onze heures du soir. On entoure le nouveau Préfet, et il faut qu'à l'instant même son secrétaire se mette en route pour Châlons et voyage toute la nuit pour en ramener M. de Jessaint. Celui-ci qui, dans sa modestie, eût préféré des marques de sympathie moins solennelles, ne peut résister à l'invitation pressante qui lui est faite, et le lendemain il arrive à Reims où, dans une seconde soirée, cette Ville, représentée par ses plus hautes notabilités, décerne une véritable ovation à l'ancien magistrat dont la retraite serait considérée comme un malheur public, si la préfecture de la Marne ne devait rester dans sa famille, et en quelque sorte sous son patronage.

Ce double hommage rendu à l'ancien administrateur par une assemblée qui avait été en position de juger ses actes et par une ville dont les nombreux et graves intérêts avaient plus spécialement réclamé ses soins, est le meilleur des panégyriques.

M. de Jessaint qui avait été nommé chevalier de la Légion d'honneur le 14 juin 1804, officier et commandeur du même ordre le 30 juin 1811 et le 3 janvier 1815, et autorisé le 13 novembre de cette dernière année à porter la décoration de chevalier de l'ordre de Sainte-Anne de Russie, avait reçu de l'empereur Napoléon, le 16 septembre 1808, le titre de chevalier de l'empire. Celui de baron, avec une dotation de 4,000 fr. dans la province de Hanovre, lui avait été conféré par décret du 15 août 1809. Ses services lui avaient valu, le 19 mai 1825, le grade de grand-officier de la légion d'honneur et, le 31 du même mois, le roi Charles x ajoutait à ses dignités le titre de vicomte. Enfin l'ordonnance royale qui l'admettait à la retraite, comme préfet, l'élevait à la dignité de pair de France, et lui fournissait encore les moyens de mettre sa haute expérience au service de son pays.

Ses infirmités, son âge ne lui permirent pas de suivre,

avec toute l'assiduité qu'il eût désiré y apporter, les travaux de ses nouveaux collègues ; mais, toutes les fois que
la discussion d'un projet de loi important semblait réclamer sa présence au milieu d'eux, il ne consultait plus
que son devoir. C'est ainsi, Messieurs, si j'ose vous
rappeler un fait personnel, que, lorsque la Ville de Châlons m'avait fait l'honneur de me déléguer auprès du
Gouvernement dans le but de faire prévaloir le tracé
du chemin de fer de l'Est par la vallée de la Marne, j'ai
vu M. le vicomte de Jessaint accourir, à ma voix, de sa
campagne de Beaulieu, pour soutenir de sa légitime influence et de son vote un tracé qui lui paraissait préférable à tous autres, et qui devait être utile à un plus
grand nombre de ses anciens administrés.

M. de Jessaint, jusqu'en 1848, avait conservé cette
haute sagacité qui lui faisait apprécier les évènements
avec la plus grande justesse. La dynastie d'Orléans ne pouvait, suivant ses prévisions souvent exprimées, résister à
l'opposition violente dont elle était l'objet. Les orateurs
imprudents ou coupables qui l'attaquaient à outrance,
soit dans des réunions inconstitutionnelles, soit à la tribune nationale, voulaient, à ses yeux, renverser ce qui
existait, pour s'emparer à leur tour du Gouvernement
et des emplois.

« Maintenant, disait-il dans les premiers jours de fé
» vrier, chacun se tire par les pieds ; le fonctionnaire
» est tiré par le propriétaire ; celui-ci par le négociant ;
» le négociant par le marchand ; le marchand par le dé
» taillant; le détaillant par l'ouvrier ; l'ouvrier par le jour
» nalier ; le journalier par le chiffonnier qui porte hotte,
» et ce dernier par celui qui n'en a pas, et qui le traite

» d'aristocrate. On soulève les passions démocratiques
» qui bientôt descendront dans la rue, et alors malheur
» à la Royauté ! Ce sera la République , non pas celle
» que rêvent quelques esprits généreux, mais la Répu-
» blique de 1793. »

Un jour notamment, M. de Jessaint exprima de nouveau ses craintes et ses tristes pressentiments en présence d'un général dont la conscience et la loyauté ne
pouvaient admettre autant de perfidie ambitieuse dans
l'esprit des hommes à qui la France avait confié ses plus
chers intérêts ; et cependant quinze jours plus tard son
noble interlocuteur entendait proclamer, en même temps
que la République , la révocation du petit-fils de M. de
Jessaint, qui devait bientôt être suivie de celle du général lui-même.

La révolution de février , en brisant les liens qui rat-
tachaient encore M. de Jessaint, par sa famille , à l'administration du département de la Marne , et en boule-
versant les principes qui avaient été ceux de toute sa
vie , ne tarda pas à lui porter le coup le plus funeste ;
il avait toutefois , à cette époque , conservé toute son
énergie, car on se rappelle que, lors d'une panique qui
eut lieu à Châlons après les journées de juin , quoique
parvenu à sa quatre-vingt-cinquième année, il se rendit
à l'hôtel de ville, avec son arrière petit-fils, âgé de qua-
torze ans, et voulut se faire délivrer un fusil pour con-
courir à la défense de la cité, dans le cas où elle serait
attaquée par les insurgés. Le chef du poste résista, mais
M. de Jessaint ne consentit à rentrer chez lui qu'après
avoir laissé le jeune Bourlon de Sarty au milieu des gar-
des nationaux et après l'avoir fait armer. Interpellé à

son retour par sa fille sur ce qu'il avait fait de ce jeune homme : « Eh ! bien, répondit-il, je l'ai laissé au poste. » Est-ce que par hasard vous voudriez faire de lui un lâche ? » Ce dernier trait d'un généreux vieillard couronne toute sa vie ; l'âge, comme vous le voyez, n'avait pas éteint les généreux sentiments qui signalaient, en 1798, le commandant de la garde nationale de Bar-sur-Aube.

Je ne sais, Messieurs, si j'ai été assez heureux pour vous rappeler toutes les qualités de notre illustre compatriote. Qu'il me soit permis de les résumer rapidement :

Essentiellement bon, bienveillant, accessible à tous et à toute heure, portant l'obligeance à ses dernières limites, étranger à toute passion politique, empêchant le mal, quand il ne pouvait faire le bien, exécutant la loi avec empressement, quand elle était favorable, et cherchant, lorsqu'elle était dure, les moyens d'en adoucir les effets, M. de Jessaint s'était surtout imposé la noble, mais difficile tâche de venir en aide aux vaincus, quels qu'ils fussent. Aussi a-t-il, toujours et dans tous les temps, compté de nombreux amis dans les diverses opinions qui ont divisé la France.

L'esprit de conciliation l'animait au plus haut degré, et, sous ce rapport, la nature l'avait admirablement servi, car jamais personne ne sut, comme lui, s'attirer les hommes, en leur laissant croire qu'il allait à eux. Sa physionomie pleine de finesse, son œil vif et pénétrant, qui vous scrutait sans vous embarrasser, son tact exquis, les mots heureux et profonds qu'il plaçait si à propos, lui venaient merveilleusement en aide. Toujours maître de lui-même et sans heurter aucune opinion, paraissant au contraire les accepter toutes pour mieux faire prévaloir celle qu'il voulait soutenir, il savait tourner les passions des hommes au profit du pays lorsqu'il ne parvenait pas à les calmer tout-à-fait. Après l'avoir entendu, les opposants, s'ils n'étaient pas immédiatement convaincus, se sentaient plus modérés, plus sages ; ils étaient au moins ébranlés.

Son salon était le rendez-vous des opinions les plus opposées ; c'était un terrain neutre en apparence, mais sur lequel, grâce au maître de la maison et à la femme éminente qui le secondait si bien, il n'était pas rare de voir s'opérer d'heureux rapprochements.

Désintéressé, exempt de toute ambition, sage administrateur, poussant la prudence à l'extrême, ami sincère de la religion, jamais préfet ne fut plus dévoué aux intérêts de son département, plus empressé à le diriger dans la voie des progrès agricoles, industriels, artistiques ou littéraires, et à le doter d'établissements de bienfaisance ou d'utilité publique, tout en évitant avec le plus grand soin les aggravations d'impôts.

Passionné pour la cause de l'ordre, qu'il avait rendue populaire par son influence et par son exemple, c'est à lui enfin que notre département doit, à n'en pas douter, la tranquillité dont il n'a cessé de jouir au milieu des agitations politiques qui ont tourmenté la France.

M. de Jessaint avait voulu finir ses jours au milieu de ses anciens administrés ; aussi le voyions-nous encore parmi nous, quelques jours avant sa mort, qui eut lieu à son château de Beaulieu le 9 janvier 1853. Sa fille chérie, qui lui avait si noblement consacré toute son existence, a religieusement recueilli son dernier soupir. Vous dire, Messieurs, l'immense affluence qui l'accompagnait à sa dernière demeure et les regrets universels qu'il emportait dans la tombe, c'est vous faire connaître la vénération que notre ancien préfet avait su partout inspirer ; c'est encore faire l'éloge de l'excellent administrateur et de l'homme de bien dont le souvenir vivra longtemps dans le département de la Marne.

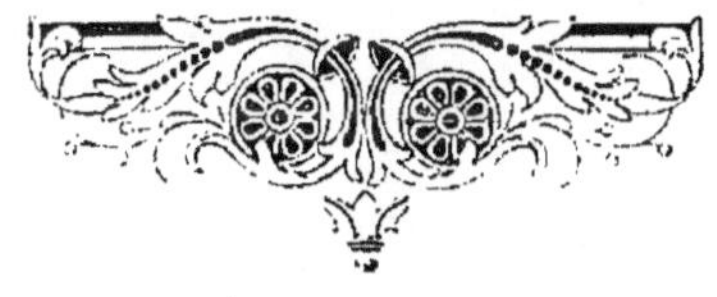

CHALONS. TYP. D'E. LAURENT.